Wolfgang Häring

Heiliges und Unheiliges im Jahresverlauf

Aber nix Genaues weiß man nicht

Über Feier- und Gedenktage

IFB Verlag Deutsche Sprache

Bibliographische Information
der Deutschen Bibliothek:

Die Deutsche Bibliothek verzeichnet diese Publikation in der Deutschen Nationalbibliographie: detaillierte bibliographische Daten sind im Internet über http://dnb.dnb.de abrufbar.

Erste Auflage 2024

ISBN 978-3-949233-21-0

Wolfgang Häring

Heiliges und Unheiliges im Jahresverlauf

Aber nix Genaues weiß man nicht

Über Feier- und Gedenktage

Fotos: Gerhard Bäuerle, Pressefotograf
Dank für Korrekturen und Hinweise:
Gertrud Rettelbach und Judith Kreikemeyer

Inhaltsverzeichnis

Nix Genaues weiß man nicht –

aber das muss ja nicht so bleiben

Ein Feuerzauber - wie auf dem Titelbild - ist oft fester Bestandteil unserer Feier- und Gedenktage im Jahresverlauf, beginnt das Jahr doch schon mit einem phantastischen Feuerwerk. Uraltes Brauchtum bricht sich vielfach im Licht von Kerzen oder im Schattenspiel lodernder Flammen. Auch Speise und Trank gehören meistens dazu und, nicht zu vergessen, liebenswerte Geschenke.

Schön und gut, aber warum das alles? Was steckt hinter solchem Brauchtum an den besonderen Tagen unseres Jahreskalenders? Muss man viel mehr wissen, als dass an Weihnachten mit Liedern und Weihnachtsbaum der Geburt von Jesus gedacht wird und dass es an Ostern wieder Ferien gibt, wenn ein Hase bunte Eier ins Nest legt? Kindern – und wer sich mit frohem Herzen noch dazu zählen darf – reicht an solchen Festtagen die Freude über Geschenke und die schöne Romantik drumherum. Doch nicht alle wollten oder sollten in diesem Sinne Kinder bleiben und wären vielleicht dankbar über eine nicht zu langatmige Führung in lockerem Ton durch Feierlichkeiten und Gedenktage des Jahres, auch solchen, die einem wenigstens dem Namen nach etwas vertraut sind.

Gönnen Sie sich deshalb ab und zu eine Viertelstunde mit diesem Buch, um sich lesend in ein Thema zu versenken, über das Sie schon immer etwas Genaueres hätten wissen wollen. Nur bot sich wohl selten eine Gelegenheit dazu im Strudel alltäglicher Gewohnheiten und im medialen Trubel zwischen Spiel, Spaß und Spannung. Dabei geht es hier nur um einen kleinen

Klacks an meist verlorengegangenem Wissen über einen nicht ganz unwesentlichen Teil unserer Kultur. Es geht dem Autor aber auch darum: Ohne religiöse Scheuklappen spannend zu erzählen, den Blick des Lesers für eine kritische Betrachtung zu schärfen und unbequeme Fragen zuzulassen – also einfach zum Nachdenken anzuregen. Und wenn das alles heiter, aber mit ernsthaftem Interesse aufgenommen wird und die Lektüre zudem noch Spaß macht, dann will sich auch der Autor zufrieden zurücklehnen und eingedenk aller Heiligen und Unheiligen seine Feiertage feiern, wie sie fallen.

Unser Jahresbeginn

Ein echtes Durcheinander

So selbstverständlich uns der 1. Januar als Jahresbeginn erscheint, so schwierig ist seine tatsächliche Bestimmung, berücksichtigen wir Geschichte, Astronomie, Mythos und Religion, die alle ihren Anteil am Datum des Jahreswechsels haben.

So war es erst einmal der römische Imperator Gaius Julius Caesar, der mit seiner Reform im Jahre 45 v. Chr. den Beginn des römischen Kalenders im ganzen Reich vom 1. März auf den 1. Januar vorverlegte, was allerdings in Rom selbst schon seit langem galt. In früheren Zeiten hatte das Jahr mit dem Beginn der Amtszeit der beiden Konsuln Anfang März begonnen. Dieses wurde dann namentlich nach den amtierenden Konsuln bezeichnet, um einen zeitlichen Überblick zu erhalten. Als um die Zeitenwende, nach christlicher Lesart, mit Augustus die Epoche römischer Kaiser begann, wurden die Jahre nach diesen gezählt. In heutigen Kreuzworträtseln wird oft nach dem einen oder andern Namen dieser römischen Kaiser gefragt.

Eine andere Zeitrechnung der Römer richtete sich nach der mythischen Stadtgründung Roms durch Romulus und Remus – „ab urbe condita"[1] - im Jahre 753 v. Chr. Diese spielte aber im Allgemeinen keine Rolle, nur römische Geschichtsschreiber orientierten sich gelegentlich daran, was späteren Kollegen sehr hilfreich werden sollte, wenn sie die Geschichte der Römer in einen historisch korrekten Zusammenhang bringen wollten.

---

[1] „Seit Gründung der Stadt", so allgemein von römischen Geschichtsschreibern verwendet

Ein weiteres Problem der Jahreseinteilung und -zählung ergab sich, und das betraf nicht nur die alten Römer, weil das Jahr vor Caesars Reform nach den Mondzyklen geordnet wurde, eben nach „Monaten". Sprachlich nennen wir diese verräterisch immer noch so, obwohl wir heute vom einem Sonnenjahr ausgehen. So gerieten Berechnungen nach Mondzyklen und nicht passenden Sonnenumläufen vielfach durcheinander und sorgten für Verwirrung. Zum Beispiel gingen die Römer vor 153 v. Chr. von einem „Romulusjahr" aus, das allerdings nur 10 Monate hatte. Als mit dem neuen Kalender das Sonnenjahr gelten sollte, wurden zwei zusätzliche Monate notwendig, folglich für diese auch zwei neue Namen. Es wurden der „Januar" und der „Februar". Der erstere bezieht sich auf den römischen Gott Janus, der doppelgesichtig für Ende und Neubeginn steht, also für das Ende des alten und nun den Anfang des neuen Jahres. Der Februar durfte auf ein altes Ritual der Römer hinweisen, das während dieser Zeit als ein reinigendes „februare" begangen wurde. Na gut oder auch nicht, denn mit dem neuen Jahresbeginn am 1. Januar stimmte die traditionelle Zählung nach zehn Monaten nicht mehr, was aufmerksamen Kalenderfreunden schon aufgefallen sein müsste: Die neuen Monate neun bis zwölf hängen namentlich noch an den überkommenen Bezeichnungen. Aus dem nun neunten Monat wurde so ein befremdlicher September, also ein siebter. Der zehnte musste sich mit der alten Acht als Oktober begnügen, so dass nun die altertümlichen neunten und zehnten Monate des Mondjahres die Namen für die nun neuen elften und zwölften Monate fälschlicherweise als November (= 9) und Dezember (= 10) abgaben. Zum Glück macht uns das heute nicht ganz schallu, weil wir das alles nicht wissen.

So wissen wir allerdings auch nie genau, an welchen Tagen im Jahr eigentlich Ostern ist. Gut, Weihnachten wird bei uns immer an den drei Tagen vom 24. bis 26. Dezember gefeiert, aber Ostern? Die Kirche muss es uns jedes Jahr von Neuem sagen: Ostern beginnt am ersten Sonntag nach dem ersten Vollmond nach Frühlingsanfang. Aha, hier haben wir sie also noch, die uralte Berechnung des Jahres nach dem Mond! In diesem Zusammenhang bekam die Kirche im Jahre 525 (nach unserer Zeitrechnung) ein Problem: Die alten Zeittafeln, nach denen Ostern berechnet wurde, waren ausgelaufen. Der Mönch Dionysius von Exiguus fand bei der Neuberechnung heraus, dass eine Übereinstimmung von Mondjahr, Sonnenkalender und Wochentag nur alle 532 Jahre stattfindet. Zurückgerechnet käme man so auf das Ende der Herrschaft des Herodes und damit auch auf das Geburtsjahr von Jesus! Politisch hatte man bis zu diesem Zeitpunkt die Jahre seit Beginn der Kaiserzeit von Diokletian gerechnet. Man befand sich damals also im Jahre 284. Nach der nun aktuellen Berechnung setzte sich nach und nach die neue, religiös begründete Zeitrechnung „anno domini“ - seit Christi Geburt - durch, die heute noch üblich ist.

Doch zurück zu unseren Monatsnamen. Ein weiteres Kuriosum lieferten die zwei größten römischen Caesaren, nämlich Gaius Julius Caesar (100 v. Chr. – 44 v. Chr.) und Kaiser Augustus (63 v. Chr. – 14 n. Chr.): Nicht ganz unbescheiden reservierten sie sich ihre eigenen Monatsnamen. Gaius Julius Caesar wollte seinen Familiennamen der Julier geehrt wissen, was der Senat nach seiner Ermordung absegnete und den 7. Monat des Jahres offiziell als Juli benannte. Sein Nachfolger Augustus wollte da nicht nachstehen und ließ den folgenden 8. Monat in August umtaufen. Es ist eigentlich erstaunlich, dass diese Namen unbeschadet bis heute überdauert haben, doch noch erstaunlicher scheint mir, dass spätere Potentaten der Weltgeschichte nicht auch auf solche überkandidelte Idee kamen. Größenwahnsinnige könnte man ja gerade genug finden, allerdings reichte die bescheidene Anzahl von 12 Monaten für diese bei Weitem nicht aus. Na ja.

Kommen wir zur Festlegung des Jahresbeginns auf den 1. Januar zurück. Auch da hatte sich ein Problem eingeschlichen, das anfänglich übersehen worden war: Die neuen Jahre wurden mit der Kalenderreform von 45 v. Chr. mit 365,25 Tagen gezählt, entsprechend der beobachteten Sonnenumläufe. Es sollte also alle vier Jahre ein Schaltjahr geben mit einem zusätzlichen Tag, dem 29. Februar. Dieses Datum darf bis heute all diejenigen traurig stimmen, die an diesem Tag, also nur alle vier Jahre, ihren Geburtstag feiern wollen. Caesar hatte diese Berechnung wohl nach seinem Feldzug aus Ägypten mitgebracht. Dabei gab es aber wieder einen kleinen Fehler: Tatsächlich war das Jahr nämlich 11 Minuten und 14 Sekunden länger als die neu berechneten 365,25 Tage! Das ist nicht viel, wie man meinen möchte. Doch das Problem summierte sich: Es hatte sich im Jahre 1582 schon eine Zeitverschiebung von 10 Tagen ergeben, so dass Weihnachten nun am 7. Januar hätte gefeiert werden müssen. Und die Hofastronomen der Kurie erkannten mit heiligem Schauer, dass dieses winterliche Fest immer weiter in Richtung Frühling und Sommer rutschen würde, wenn man nicht eingriff. Das konnte man ja nicht wollen, natürlich auch Papst Gregor XIII. nicht. Folglich mussten die 10 Tage, die seit Caesar zu viel aufgelaufen waren, wieder geopfert werden, damit Kalender und Sonnenjahr wieder übereinstimmten: Von den Astronomen überzeugt verordnete der Papst also, dass auf den 4. Oktober des Jahres 1582 gleich der 15. folgte. Das ergibt eine üble Fangfrage in Prüfungen oder bei *Wer weiß denn so was?:* „Was ist in diesen Tagen passiert?“ Und die richtige Antwort darf lauten: „Nichts“.

Leider sind nun die Probleme mit der Festlegung von Jahresbeginn und der neuen Zeitumstellung nicht ganz behoben. Nicht unbedeutend war in diesem Zusammenhang zum Beispiel der seit der Reformation noch in weiten Teilen Europas schwelende Religionskonflikt. Da zu der Zeit von Papst Gregor XIII. keineswegs alle Herrscher in ihren Ländereien begeisterte Katholiken waren, sperrten sich viele gegen die päpstliche Verordnung der Kalenderkorrektur. In betroffenen protestantischen Städten oder Gemeinden wurde deswegen trotzig mit dem alten Julianische Kalender gelebt, in einigen Regionen sogar bis ins 18. Jahrhundert, was Historikern Probleme bereitet, wenn sie Urkunden nach der „alten“ oder „neuen“ Zeitrechnung in Beziehung zueinander setzen müssen. Auch die byzantinisch-orthodoxe Kirche im Osten Europas machte bei der päpstlichen Reform von 1582 nicht mit. Erst 1918 wurde auch ihr Kalender weitgehend reformiert und die Tage vom 1. Februar bis 14. Februar ausgelassen. Nun aber bekamen die russischen Kommunisten ein Problem, ist ihre stolze „Oktoberrevolution“ nach dem neuen, und heute geltenden, Kalender halt nur noch eine halbherzige „Novemberrevolution“. Dabei haben wir eine solche ja schon in Deutschland für uns reserviert. Da muss man sich auch erst mal dran gewöhnen.

Im Sommer 2023 bekamen die orthodoxen Russen ein zusätzliches Problem, feierten sie doch Weihnachten trotz neuem Kalender traditionsgemäß immer noch am 7. Januar. Ein Jahr nach dem Überfall Russlands auf die Ukraine beschloss diese, sich von ihrer bisher gemeinsamen Tradition zu lösen, um zukünftig Weihnachten am 25. Dezember zu feiern, so wie überall in der westlichen Welt. Auch hier wird deutlich: Putins imperiale Träumerei verflüchtigt sich, nicht nur politisch, sondern auch religiös. Wer wollte da noch an ihn glauben?

Völlig verwirrend ist es schließlich, betrachten wir jeweils unterschiedliche Jahreszählungen und -anfänge oder gar Feiertage weltweit, wenn allein schon die großen Religionen berücksichtigt werden: So beginnt für strenggläubige Juden die Jahreszählung im Herbst 3761 v. Chr., für Moslems am 16. 7. 622 n. Chr. mit der Hadsch[2] ihres Propheten oder für strenggläubige Byzantiner am 1. 9. 5508 v. Chr. mit der Erschaffung der Welt. Und bevor wir an den Zeitrechnungen der kleinen und großen Nationen und Religionsgemeinschaften der Erde noch mehr irre werden, geben wir hier auf. Es reicht.

---

[2] Der feierliche Zug nach Mekka mit der Umrundung der Kaaba; eine Pflicht vor allem für muslimische Männer bis heute, dies einmal im Leben zu tun

Die Raunächte

Geisterstunde allenthalben

Man darf in den Tagen zwischen Weihnachten und dem 6. Januar keine Wäsche waschen oder gar zum Trocknen an die frische Luft hängen, sonst droht im kommenden Jahr Unglück, wenn nicht gar ein Todesfall in der Familie! Na ja, wissen wir heute doch, dass das alles Humbug ist – trotzdem, vielerorts halten sich Menschen, oft ältere Frauen, daran, auch wenn sie den Aberglauben nicht wirklich ernstnehmen. Die Hintergründe dieser und ähnlicher Ängste in der Zeit der „Raunächte“, denn für diese gilt das landläufige Waschverbot, liegen tief in volkstümlicher Vergangenheit verborgen, so tief, dass bis heute nicht alle Fragen dazu letztlich beantwortet werden können.

Die Zeit der Raunächte dauert 12 Nächte. Das ist verräterisch, denn wie wir im vorigen Kapitel lesen konnten, fehlten dem alten Mondjahr mit seinen 354 Tagen ja genau diese Anzahl von Nächten beziehungsweise Tagen. Als 1582 n. Chr. ein neuer papistischer Kalender mit dem Sonnenjahr und 365,2525 Tagen eingeführt wurde, wurde das korrigiert. Und die neu hinzugekommenen Tage schienen vielen unnatürlich, außerhalb der Zeit, auf jeden Fall etwas unheimlich. Das durfte besonders dann gelten, wenn man sie zwischen Weihnachten und dem Tag der Heiligen Drei Könige am 6. Januar eingeschoben verstand, einer Zeit vielfacher kalendarischer Verwirrung und Ängsten vor bösen Geistern. Auch deswegen werden in ländlichen Gebieten bis heute zuweilen Haus, Scheune und Stall mit Räucherwerk aus Heilkräutern oder Weihrauch vom Priester feierlich ausge*räu*chert, woher möglicherweise die Raunächte ihren Namen haben. Eine andere Erklärung könnte der Hinweis auf den sprachgeschichtlich verwandten Begriff des „Raunens" liefern, steckt hierin doch die Vorstellung, dass etwas Geheimnisvolles hinterbracht wird. So gesehen können auch die germanischen *Runen* mitberücksichtigt werden, wenn eine heidnische Seherin aus dem Wurf von *Runen*stäbchen Heil oder Unheil mysteriös *raunend* herauslas.

Überhaupt waren die „dunklen" Tage nach der Wintersonnenwende, wenn es dazu bitterkalt war, eine unheimliche Zeit für Menschen, die weder über künstliches Licht noch über immer ausreichend Wärme verfügten. Mit der Frage, wann der Frühling kommen werde, war auch immer die Sorge verbunden, ob die im Herbst eingelagerten Vorräte ausreichen würden. Raunendes Erzählen der Großmutter in der abendlich nur schwach erleuchteten Stube von Unholden, Geistern und drohendem Unheil sorgte da sicher immer für Gänsehaut bei Jung und Alt. Dunkle Zeiten bringen dunkle Gestalten hervor. In unserem Fall waren es die Perchten der Raunächte, die als „Schönperchten" nicht ganz so gruselig daherkommen mussten wie die „Schiechperchten" in ihren zotteligen Fellen und schrecklichen Masken.
Übriggeblieben im heutigen Brauchtum sind von diesen fast nur noch die bösen Schiechperchten[3], wenn sie schrecklich vermummt mit schrillem Glockengeläut ihr Unwesen bei Umzügen im Alpenraum zwischen Österreich, Bayern und Südtirol treiben. Sie sind hier auch als Ausbund der „Wilden Jagd" eines Geisterheeres zu verstehen, wenn sie während der unheimlichen Un-Zeit der Raunächte aus ihrer „Anderwelt"[4] aus-

---

[3] Schiach heißt im Alemannisch-Schwäbischen schief, unnatürlich, böse
[4] Anderwelt ist ein anderer Name für die Unterwelt der Toten mit Geistern und Dämonen

brechen, um die Menschen in ihrem ansonsten so „ordentlichen“ Diesseits zu erschrecken.

Goethe hat in seiner Ballade „Der getreue Eckart“ dieses Motiv ebenfalls aufgenommen, wenn er erzählt, wie Kinder vom Vater zum Bierholen in das Wirtshaus geschickt werden und in der dunklen Raunacht besonders Angst vor „unholden Schwestern“ haben:

O wären wir weiter, o wär` ich zu Haus,
Sie kommen, da kommt schon der nächtliche Graus,
Sie sind's, die unholden Schwestern!
Sie streifen herum und finden uns hier,
Sie trinken das mühsam geholte, das Bier
Und lassen uns leer nur die Krüge.
So sprechen die Kinder und drücken sich schnell.

Die Geschichte geht trotzdem gut aus. Die Kinder bekommen daheim keine Schläge, weil sie beim üblichen Herumalbern das Bier scheinbar verschüttet haben. Der getreue Eckart kann helfen, und mehr als das, so werden die von den „Unholden“ verzauberten Krüge die ganze Nacht nicht leer, zum großen Erstaunen der Eltern.

In uralter Tradition stehen diese dämonischen Erscheinungen natürlich auch in enger Verwandtschaft zu ganz ähnlichen Formen des Winteraustreibens. In der nahen alemannisch-schwäbischen „Fasenacht“ Süddeutschlands freuen sich nicht nur die lärmenden „Hästräger“, wenn es endlich wieder „drgega goht“ und die örtliche Fasnet mit ihren tollen Umzügen ansteht. Auch da fliehen die bösen Geister des Winters vor Schellengeläut und Maskerade ihrer sicherlich noch schrecklicheren Spiegelbilder. Widerwillig und zögernd räumen sie schließlich der wärmenden Frühlingssonne dann doch das Feld. Die Umtriebe der Narren und die wilde Jagd der Geister aus der „Anderwelt" dürfen nämlich in unserer Fastnacht und dem folgenden Fasching weit mehr als nur 11 Tage und 12 Nächte andauern. Wie tröstlich und schön! Und das alles dann nur noch als Spektakel zur Gaudi übermütiger Menschen, die zum Glück vergessen haben, dass es einst Zeiten bitterböser winterlicher Not und Ängste gab.

Raunächte

Nun zurück zu den weniger schrecklichen Perchten der Raunächte. Sie treten allerdings heute nur selten in Erscheinung. In der Rottweiler Fasnet kann man sie vergleichsweise noch erkennen in den lieblichen Masken vom Fransenkleidle oder Narrenengel. Gute Perchten wünschen während der Raunächte Glück und beschenken verängstigte Kinder mit Süßigkeiten. Sie segnen in manchen Gegenden Haus und Stall und zeigen sich dabei auch als Glücksbringer für das kommende Jahr. In diesem Zusammenhang liegen Aberglaube und Zauberkunst nicht fern. So wurde der Wahrsagerei nicht nur in diesen Zeiten oft gerne geglaubt, wenn es um Ängste und Hoffnungen für das kommende Jahr ging, was sicherlich auch heutige Leserinnen und Leser bunter Gazetten gut nachvollziehen können. Ein beliebtes Relikt hat sich mit der Tradition des Bleigießens in der Silvesternacht erhalten, wo man, wie schon seit Jahrhunderten, immer ganz genau erfahren möchte, was einem das neue Jahr so alles bescheren wird. Ein anderes Beispiel für eine angeblich noch gut funktionierende Kunst der Weissagung geben Esoteriker, wenn sie zu Beginn der Raunächte 13 (!) Zettel mit positiven Eigenschaften oder Wünschen beschriften und diese in ein Gefäß geben. An jedem nun folgenden Abend der 12 Raunächte wird ein Zettel gezogen, ähnlich wie die Zahlen im Lotto, dann aber ungelesen am offenen Kerzenlicht verbrannt. Besonders wirksam soll das sein, wenn die Kerze eine von denen ist, die am Tag „Maria Erscheinung" vom Priester in der Kirche geweiht worden war. Wir werden darauf noch zurückkommen. Übrig bleibt am Abend nach der 12. Raunacht folglich nur noch ein Zettel, eben der 13.; und der darf nun mit unheiligem Schauer gelesen werden, in der Gewissheit, dass das Gekrakel bald in Erfüllung gehen wird. Die Hoffnung sollte dabei niemandem genommen werden, vor allem dann, wenn die bösen Geister alle wieder verschwunden sein werden. Es kann ja nicht schaden.

Kommen wir abschließend noch einmal zurück auf das Wäschewaschproblem während der unheimlichen Raunächte, so scheint dabei ein weiteres Motiv aus ferner Vergangenheit aufzublitzen: Die Perchten, und sicherlich nicht nur die guten, waren nach volkstümlichem Glauben auch für Kontrollen im

Hinblick auf Ordnung und Sauberkeit im Hause zuständig. Folglich durfte man sie auch keinesfalls mit einer womöglich nicht porentief gereinigten Wäsche verärgern. Und da wird die Geschichte einer überlieferten „domina perchta“, also eine Art Herrin der Perchten, interessant, zeigen sich doch verräterische Gemeinsamkeiten mit der bekannten Märchenfigur „Frau Holle“, wenn diese sogar wörtlich als „Frau Perchta“ in Überlieferungen vorkommt! Auch im Märchen wird den Kindern mit drohendem Unterton eine Geschichte erzählt, um sie zu Ordnung, Fleiß und Sauberkeit zu erziehen. Und wenn hier die „gute Perchta“ auch als „Herrin der Erde“ bezeichnet wurde, dann lassen sich dahinter uralte, selbstverständlich heidnische Vorstellung von verehrten Muttergottheiten erahnen. Dass diese von den Priestern während der Christianisierung in eine düstere „Anderwelt“ der Untoten verbannt und verteufelt wurden, muss man nicht extra betonen. Und trotzdem brechen diese Ungeister zu gewissen Zeiten als „Wilde Jagd“ hervor, wie in unseren Raunächten. Damit der alte Glaube an solche Kräfte und Naturgottheiten, der landläufig überall tief saß, erschüttert wurde, musste er dämonisiert werden, oft verbunden mit ungeheuren Drohungen: Wer Wäsche während der geisterhaften Raunächte wäscht und raushängt, möglicherweise sogar weiße Leintücher, der muss im schlimmsten Falle damit rechnen, dass im kommenden Jahr der Tod ein Familienmitglied holen wird. Eingewickelt in ein genauso weißes Totentuch werden die Geister dann den Ärmsten in ihre düstere „Anderwelt“ entführen, von wo er in den Raunächten der kommenden Jahre als unheimlicher Dämon wieder ausbrechen wird, um ebenfalls Angst und Schrecken zu verbreiten.

Ganz ohne Ängste vor Dämonen freuten sich allerdings auch viele der arbeitsamen Menschen auf den Bauernhöfen auf diese Zeit der Raunächte. Denn nicht nur das lästige Waschen der Wäsche fiel für diese Tage aus, sondern man verschob sogar alle schweren Tätigkeiten, wie Holz hacken oder Gerätschaften instand setzen, bis nach Heilig Drei König. Die Frauen durften dann flicken und Strümpfe stopfen und die Männer vielleicht für die Kinder Spielzeug schnitzen.

Bevor allerdings auch wir anfangen, Strümpfe zu stopfen oder ängstlich an Geister zu glauben, wollen wir uns doch lieber den Schönperchten- und unschuldigem Fastnachtstreiben hingeben, denn wenn der echte Spuk am 6. Januar endet, dauert es ja nicht mehr lange, bis er bald wieder in tollen Maskeraden überall aufleben darf. Und Wäsche waschen dürfen wir dann auch wieder. Und Holz hacken und Räder am Auto wechseln. Na also.

Die Heiligen Drei Könige

Man kann sich ja auch mal im Datum irren

Nach den heidnischen und wilden Raunächten, von denen wir gerade gelesen haben, wird sich ein Christ am 6. Januar wieder im sicheren Schoß seiner Kirche aufgenommen fühlen, denn nun dürfen die vertrauten drei Heiligen Könige dem 12 Nächte[5] zuvor neugeborenen Jesuskind im Stall von Bethlehem endlich ihre Aufwartung machen. Wir kennen diese Geschichte, weil einer der vier Evangelisten, es ist Matthäus, uns darüber erzählt. Aber auch er war wie Lukas kein direkter Zeitzeuge des Geschehens, sondern schrieb die Lebensgeschichte von Jesus ebenfalls etwa 70 Jahre nach dessen Tod nieder. In der Ikonographie wird Matthäus meist sitzend mit Schreibzeug auf den Knien dargestellt und verklärtem Gesicht, weil ihm ein Engel, der hinter ihm steht, das Geheimnis von Jesu Geburt, Leben und Tod eingibt. Und was lesen wir da?

Als Jesus zur Zeit des Königs Herodes in Betlehem in Judäa geboren worden war, siehe, da kamen Sterndeuter aus dem Osten nach Jerusalem und fragten: Wo ist der neugeborene König der Juden? Wir haben seinen Stern aufgehen sehen und sind gekommen, um ihm zu huldigen.

Da darf man sich als aufmerksamer Leser erst einmal die Augen reiben: Hier ist keine Rede von Königen, auch nicht von dreien, und Geschenke gibt es ebenfalls nicht! Leider müssten wir streng genommen unsere schönen königlichen Krippenfiguren nun gegen „Sterndeuter" austauschen. Wie die wohl

---

[5] Die unterschiedlichen Zeiten gehen auf die Differenz von Iulianischem und Gregorianischem Kalender zurück

ausgesehen haben? Im griechischen Urtext werden sie als *magoi* bezeichnet, was wir vielleicht als „Astronomen mit *magischen* Kräften" übersetzen könnten – und alle Krippenschnitzer dieser Welt müssten sich für sie eine neue Kostümierung einfallen lassen. Na ja, die könnte sicherlich auch recht fantastisch werden.

Diese Astronomen aus dem Orient, vielleicht aus dem östlichen Babylon, verkörpern eine alte Tradition einer heute für diese kriegsgebeutelte Region fast unglaubliche Kulturblüte für Kunst und Wissenschaften. Späteren Bischöfen der christlichen Kirche erschien dagegen ein textnahes Verständnis, wie es hier bei den Überlieferungen von unseren Evangelisten eigentlich nötig gewesen wäre, nicht so wichtig, dafür aber um so mehr ein bildhaft vermitteltes Glaubensverständnis der Weihnachtsgeschichte. Auf dem ersten großen Konzil von Nicäa im Jahre 325, das Kaiser Konstantin I. einberufen hatte, um neben der politischen Reichseinigung auch eine Einheit im christlichen Glauben zu befördern, wurde vieles neu festgelegt: Es gibt nicht nur einen Gott, sondern eine Trinität von Vater, Sohn und Heiligem Geist. Und die „Erscheinung" dieser Göttlichkeit äußert sich in der Geburt des Sohnes, gewürdigt im entsprechenden Fest der „Epiphanie" zum damaligen Jahresende. Wegen der Gregorianischen Kirchenreform im Jahre 1582 wurde dieses Datum dann geteilt. Nach neuer Jahreszählung rutschte Christi Geburt mit Weihnachten gleichsam zurück auf den 25. Dezember, während nach altem Julianischen Kalender die Epiphanie vorrückte auf den heutigen 6. Januar – und das betraf auch unsere Sterndeuter, die „Weisen aus dem Morgenland". Im 6. Jahrhundert wurden aus ihnen die prachtvoll gekleideten orientalischen „Heiligen Drei Könige" mit ihren typischen Geschenken. Auch Ochs und Esel, die mit ihrem

Atem das Christkind wärmen, fehlen noch bei Lukas und Matthäus. Sie sind ebenfalls eine Ergänzung aus dem frühen Mittelalter, natürlich auch mit dem Hintergedanken versteckter Symbolik ausgedacht. So einfach ist das alles offensichtlich gar nicht mit unseren schönen Weihnachtskrippen, mit Überlieferung und tatsächlichem Verständnis.

Die „Weisen aus dem Morgenland", wie sie bis heute auch genannt werden, haben als Astronomen einen Stern gesehen, dem sie bis nach Bethlehem folgten, da sie in ihm ein himmlisches Zeichen für einen „neugeborenen König" erkannten. Dass dieser König nun das aufgefundene Jesuskind sein sollte, geboren in einem jämmerlich heruntergekommenen Stall, musste ihnen, trotz ihrer sprichwörtlichen Weisheit, mehr als rätselhaft erscheinen. Deswegen ist es auch nicht verwunderlich, dass die nach und nach mit wachsendem Selbstbewusstsein auftretenden Christen irgendwie etwas Königliches brauchten, um ihren Jesusknaben aufzuwerten. Hirten und „Sterndeuter", diese auch noch Fremde aus dem Ausland, taugten da wenig. Prächtige Könige, vielleicht auf schönen Kamelen reitend, würden mit königlichen Geschenken da eher etwas hermachen. Also wurden sie von klugen Bischöfen erfunden und gegen die dubiosen „Magier" ausgetauscht. Mittelalterliche Darstellungen des Jesuskindes auf dem Arm seiner Mutter beweisen dann den missionarischen Erfolg: Segnend mit der Rechten – mit drei Fingern für seine Trinität – , hält es in der anderen Hand eine Art Weltkugel, für die es als „König" nun sorgen wird.

Elfenbeinschnitzerei um 1200

Heutige „Sternsinger“ der katholischen Kirche kennen sogar die Namen der drei Könige, die nun anstelle der ursprünglichen Sterndeuter das Jesuskind anbeten dürfen. Als kleine Könige phantasievoll verkleidet, segnen sie mit einem Gebet Wohnung oder Haus und schreiben mit vom Priester geweihter

Kreide die Großbuchstaben C+M+B über die Eingangstür. Es sind die Anfangsbuchstaben ihrer Vorbilder Caspar, Melchior und Balthasar. Eine besonders schöne Bedeutung haben diese Buchstaben, wenn man sie Lateinisch versteht: „Christus Mansionem Benedikat", also „Christus segne dieses Haus". Geschenke bringen unsere Sternsinger dann keine, nehmen aber gerne eine milde Gabe für die Armen dieser Welt – also noch ganz im Sinne des ebenfalls ärmlichen Jesuskindes in seinem Stall.

Ganz anders aber verhält es sich mit den Geschenken, welche die eigentlichen Heiligen Drei Könige angeblich dem neugeborenen „König" nach Bethlehem mitgebracht haben; es sind bekanntlich Gold, Weihrauch und Myrrhe, also alles andere als ärmliche Gaben. Auch deren Geschichte beginnt erst mit Überlieferungen aus dem 6. Jahrhundert.

Das scheinbar Wertvollste, nämlich Gold, darf Melchior auf die Streu vor der Krippe legen. Es ist ein uraltes, sogar weltweites Symbol für Macht und Gottesheil. Unser Jesus kann das nur im übertragenen Sinne verkörpern. Aber immerhin, Melchior zeichnet das unscheinbare Kind im Stall damit aus. Der zweite der Heiligen Könige, es ist Balthasar, was hebräisch so viel bedeutet wie „Gott wird helfen", schenkt Weihrauch, ein noch heute im Orient beliebtes Räucherwerk der Reinigung. Vor über 3000 Jahren allerdings haben die alten Ägypter dieses kostbare Baumharz auch schon wegen seiner desinfizierenden Wirkung geschätzt. Deswegen verwendeten sie es vor allem zur Einbalsamierung ihrer Toten, mit dem erstaunlichen Erfolg, dass viele ihrer Mumien bis heute gut erhalten sind. Da haben sie dem Tod tatsächlich ein Schnippchen geschlagen, geht man von ihren religiösen Vorstellungen aus. Im vergleichbaren Sinne sollte der Glaube an Christus, ähnlich wie der Duft von Weihrauch, „reinigen“, und von Sünden befreien. Wie vor Tausenden von Jahren galt damit eine solche Reinigung als Voraussetzung für das ewige Leben. Na ja, bei den alten Ägyptern hat das zum Teil ja ganz gut funktioniert, wenn sie in ihren Mumien gleichsam weiterleben. Und so sollten auch Katholiken die Hoffnung nicht aufgeben, wenn sie sich an Feiertagen dem reinigenden Weihrauchduft in ihren Kirchen verklärt hingeben. Man kann ja nicht wissen...

Caspar, der dritte im heiligen Bunde, bringt dem kleinen Jesus ein Gefäß mit Myrrhe, ebenfalls ein Baumharz und eines der ältesten bekannten Heilmittel. Schon die alten Ägypter schätzten die Myrrhe sehr. Sie heilt Entzündungen und wirkt darüber hinaus sogar positiv auf die Psyche - also auch das ein symbolisches Geschenk für den neuen Gott, den die Christen später ganz in diesem Sinne auch als „Heiland“ verehren. Die Myrrhe diente zudem als Zusatz bei Salbölen für Pharaonen und sonstige Könige. Für Jesus, den „König der Juden“, wie er sich kurz vor seiner Kreuzigung selbst bezeichnen wird, also ein betont „königliches“ Geschenk, trotz aller widersprechenden Umstände im Stall von Bethlehem. Dazu kam, dass nach dem Tod des Pharao die Myrrhe bei seiner Einbalsamierung noch einmal unverzichtbar wurde. Der Körper des Verstorbenen wurde unter Verwendung noch anderer Spezereien mit diesem konservierenden Wundermittel mumifiziert, um ihn vor dem Verfall und damit vor dem ewigen Tode zu bewahren. Auch dieser Zusammenhang passt nahtlos zu Jesus, wenn er dereinst mit seiner angeblichen Auferstehung von den Toten einen Beweis dafür liefern wird, vor allem für die, die an ihn glauben. Sie dürfen dann sogar auf ein ewiges Leben im Paradies hoffen. Dass die Myrrhe in der modernen Medizin wieder neu entdeckt wurde, mag ihr gegönnt sein. Ob sie dabei vielleicht auch für ein ewiges Leben taugt, muss sie noch beweisen. Ausprobieren, vielleicht mit einem frommen Gebet auf den Lippen, könnte man sie ja mal. Es wird schon nicht schaden.

Kein Wunder, dass sich im Laufe der Zeit noch weitere Deutungen des heiligen Dreigestirns anboten. Schon die ominöse Zahl drei war verdächtig, verführt sie in unserer abendländischen Kultur doch zu vielfachen Spekulationen. So wurden in den drei Königen auch Symbole für die drei Lebensalter des Menschen gesehen, für Jugend, Reife und Alter. Verbreiteter war die Zuordnung der Könige für die drei damals bekannten Erdteile Europa, Asien und Afrika. Melchior stand für Europa, Balthasar verkörperte einen asiatischen König und Caspar löste wohl schon früh ein Gefühl rätselhaften Unwohlseins aus – als Schwarzafrikaner! Den Bleichgesichtern Melchior und Balthasar ging es da besser, sie mussten ihre Hautfarbe nicht entschuldigend erklären. Na ja, zuweilen soll es solche Probleme auch heute noch geben. Caspar jedenfalls sollte aus Äthiopien stammen, wo er in der Nachfolge eines legendären Priesterkönigs namens Johannes stand. Das wäre nun nicht weiter schlimm, war es Jahrhunderte lang auch nicht, vor allem nicht für die phantasiereichen Holzschnitzer unzähliger Krippenfiguren, wenn sie sich wundervolle schwarze Könige ausdachten. Da in frühen Zeiten kaum ein volkstümlicher Künstler die Gelegenheit hatte, einen „Neger“, wohl auch noch aus Äthiopien, zu Gesicht zu bekommen, schnitzten sie deren Gesichter mit negroiden Zügen, wie sie sie wohl eher aus Gruselgeschichten kannten. Viele von diesen Kameraden gerieten deswegen oft so stereotyp hässlich, dass heutige Gutmenschen sich verpflichtet fühlen, nicht nur die grauslichen, sondern überhaupt alle schwarzen Könige aus unseren schönen Weihnachtskrippen zu verbannen. So geschehen im Jahre des unschuldigen Herrn 2019 im Ulmer Münster. Auch Sternsinger müssen nun mancherorts auf ihren schwarzen König verzichten. Schade, hatte doch gerade dessen Maskerade vielen Kindern besonders Freude gemacht. Und „de swarze Piet" darf in Holland auch nicht mehr mitmachen, so dass es wenigstens dort kein Problem mehr mit „Rassismus" gibt. Na ja, so einfach geht's.

Eine noch tiefere Verwurzelung des Mythos um die Heiligen Drei Könige glaubte die Kirche im Zusammenhang mit der Christianisierung der Germanen und Kelten gefunden zu haben. Als Heiden hatten vor allem die Frauen Naturgottheiten „ange*bete*t", nämlich drei (!) *„Bethen"*, bevor die Kirche mit der – gleichsam aus dem Hut gezauberten - Figur der Heiligen Maria für einen annehmbaren Ersatz sorgte. Da war zum einen Ambeth, als Mutter der Erde, zuständig für Blühen, Wachsen und Gedeihen. Die Farbe Rot ist ihr zugeordnet als Farbe des Lebens. Und ganz nebenbei: Ihr haben wir den Namen unseres eigentlichen „Sonnabends" zu verdanken, den *Samstag*. In schwäbischer Mundart ist diese Heilige noch ganz präsent, wenn man den urtümlichen Genitiv des Schwäbischen benützt: Es ist dann *s' Ambets Dag*, also der Tag der Ambeth! Die anderen beiden Bethen waren die lichte *Wilbeth*, unter anderem zuständig für die Vergänglichkeit, vgl. englisch wheel, verstanden als helles Sonnenrad oder als Rad der Zeit, und *Borbeth*, die Dunkle. Sie war verantwortlich für Tod und Auferstehung. Dunkles Blau ist ihre Farbe. Und nun fehlt nur noch der vom Papst abgesegnete Trick: Diese drei Bethen durften nach der Christianisierung in drei katholischen Heiligen ihre Transmission finden, verdeutlicht mit den passenden Symbolen. Aus Ambeth wird die Heilige Katharina mit Füllhorn und Ähren, aus

Wilbeth die Heilige Margaretha mit einem bei ihrem Märtyrertod zerbrochenen Rad und aus Borbeth wird die Heilige Barbara mit einem Turm als Schutz vor Angreifern und Tod. Und wo bleiben in dieser heiligen Umdeuterei unsere Heiligen Drei Könige? Das Geheimnis liegt in den jeweiligen Anfangsbuchstaben ihrer Namen verborgen: Caspar oder Kaspar verweist auf die Heilige Katharina, Melchior auf die nicht weniger heilige Margaretha und schließlich Balthasar, der sich mit der Heiligen Barbara verwandt fühlen darf - oder umgekehrt.

Nun fehlen in unserer Krippe noch Ochs und Esel, die auch erst im frühen Mittelalter hinzufabuliert wurden. Hinter dem Neugeborenen stehend dürfen sie das sicher frierende Kind mit ihrem Atem wärmen, verweisen aber auch auf Selbstverständnis und zukünftiges Schicksal des noch ganz unscheinbaren „Königs der Juden“, als der er einmal in Jerusalem Einzug halten wird. Dies geschieht bekanntlich nicht mit hoheitlichem Gepränge auf hohem Ross, sondern in betont selbstverständlicher Demut auf einem Esel. Und gerade unsere unscheinbare Krippenfigur deutet auf jenes zukünftige Geschehen hin. Ebenso muss auch die Figur des hier noch so fürsorglichen Ochsen verstanden werden. Als traditionelles Opfertier weist er auf den Tod von Jesus hin, wenn dieser seinen Tod am Kreuz dereinst selbst als „Opfer“ ausgibt, mit dem er die Menschen von ihren Sünden und Todesängsten „erlösen“ will. So gesehen gelten auch die Schafe der Hirten symbolisch als Opfertiere. Sie stehen hier noch unter der Obhut ihrer verlässlichen Hirten, so dass diese wiederum ein zusätzliches Symbol darstellen für Jesus als dem „guten Hirten“ umgeben von „seinen Schäfchen“. Diese Vorstellung wird ein beliebtes Motiv vieler Schlafzimmerbilder, jedenfalls noch bei unseren Großeltern und Urgroßeltern. Gut behütet durften sie darunter nach dem Nacht-Gebet sorglos einschlafen, was damals auch immer gut geklappt hat, wie behauptet wurde.

Nun noch zum Weihnachtsstern, der den Weisen aus dem Morgenland den Weg wies. Dass er ebenfalls als Symbol gilt für ein göttliches Licht, das gleichsam als Wegweiser von oben verstanden werden darf, ist fraglos richtig. Trotzdem regt er Menschen, die vielleicht nicht so stark im Glauben sind, zu ganz weltlichen Spekulationen an: War dieser Stern möglicherweise ein damaliger Komet? Solche Himmelserscheinungen haben den Menschen immer Angst gemacht. Aber Angst und Schrecken wären im Zusammenhang der segensreichen Weihnacht völlig undenkbar. Außerdem ist von heutigen Astronomen zu der betreffenden Zeit kein Komet ausgemacht worden. Was am Himmel damals zu entdecken war, war ein scheinbar besonders heller Stern. Venus und Jupiter waren in ihren Sonnenumläufen hintereinander geraten in einer sogenannten Konjunktion und leuchteten deshalb ungewöhnlich hell. Diese Himmelserscheinung gab es tatsächlich, aber – sie fand nach heutiger Berechnung im Jahre 7 *vor* der Geburt Christi statt! Entweder haben sich Maria und Josef mit dem Datum der Geburt ihres Sohnes vertan oder der Stern ist doch nur ein Glaubensmythos. Aber das wäre ja auch nicht schlimm.

Und was haben wir nun gelernt? Wesenskerne der unglaublichen Epiphanie, der Gotteserscheinung zum 6. Januar und zu Weihnachten sind nicht nur von Lukas und Matthäus geschickt und klug in wunderbaren Bildern in Szene gesetzt worden, sondern auch von vielen späteren Priestern und ihrer Kirche. Aber trotzdem dürfen wir eine heimliche Freude daran haben, einiges in unserer Weihnachtskrippe ein wenig durcheinandergebracht zu haben.

Wir sehen, das heilige Mysterium wird im Glauben grenzenlos erscheinen, bietet aber auch einen verführerischen Anreiz, es zu verstecken, um es mit religiöser Inbrunst zu suchen. Entschlüsselt darf es dann Kindern und Gläubigen als heilige Gewissheit erzählt werden - nach dem Motto, Gott ist in allem. Man muss es nur glauben.

Und wer immer noch nicht genug hat von Epiphanie und religiösem Erschauern, sollte mal nach Köln fahren, um im dortigen Dom wenigsten noch den Gebeinen unserer Heiligen Drei Könige nahe zu sein, die in einem goldenen Schrein die Gläubigen grüßen. Die Mutter von Kaiser Konstantin d. Gr. hatte sie, und Reste des Kreuzes gleich mit, während einer Pilgerfahrt ins Heilige Land im Jahre 326 in gläubiger Verklärung gefunden und als kostbares Reiseandenken nach Byzanz mitgenommen. Ihr Beichtvater hatte sie vor Beginn der archäologischen Expedition sicherlich mit den Worten ermutigt: *„Wer suchet, der wird finden"*. In Köln kamen diese Knochen als kostbarste Reliquie des ganzen Mittelalters am 23. 7. im Jahre unseres unschuldigen Heilands 1164 an, wo sie immer an diesem Jahrestag Anlass geben für große katholische Feierlichkeiten.

Und was ist nun mit den echten Heiligen Drei Königen? Man muss halt an sie glauben und sie an Weihnachten wieder aus dem Schuhkarton holen, wo sie mit all den anderen Krippenfiguren brav das Jahr über ausgeharrt haben.

Mariä Lichtmess

Jesus muss ausgelöst werden

Fangen wir mal mit zwei Bauernregeln zum Wetter an: *„Wenn's an Lichtmess stürmt und schneit, ist der Frühling nicht mehr weit."* Oder: *„Sonnt sich der Dachs in der Lichtmesswoche, bleibt er noch Wochen in seinem Loche."* Wir sehen, eine Wettervorhersage kurz nach der Tagesschau wäre früher in ländlichen Regionen nicht nötig gewesen. Wen wundert's, Fernsehen gab's damals ja noch nicht, heute dafür aber auch nur selten wetterfühlige Dachse. Jede Zeit hat eben so ihre Möglichkeiten.

Doch überhaupt, Mariä Lichtmess sollte man weniger rustikal verstehen als religiös, auch wenn unsere alten Bauern auf dem Lande davon vermutlich wenig wussten. Viele wunderten sich allenfalls, dass in einigen Höfen nicht erst am 2. Februar der dann schon etwas dürr gewordene Weihnachtsbaum aus den Stuben entfernt wurde, sondern schon am 6. Januar, als die Heiligen Drei Könige ja erstmals ihr Erscheinen feiern durften. Kaum waren sie da, mussten sie schon wieder weg. Schade, da war es doch schöner, sie mit dem anderen Gefolge noch ein paar Wochen stehen zu lassen, eben bis zum 2. Februar. Die tatsächliche Erklärung dafür war jedoch vielen, gerade frommen Christenleuten, nicht bewusst, hatte das Ganze doch mit einer befremdlichen und zutiefst jüdischen Tradition zu tun. Und von der wollte man ja nie viel wissen. Ein bisschen Antisemitismus gab`s halt immer. Trotzdem: Weshalb endete in so manchen Familien die Weihnachtszeit erst am 2. Februar, also genau 40 Tage nach der Geburt des Jesusknaben? Die Juden glauben, dass eine Frau nach ihrer Regel nicht nur für einige Tage „unrein" ist, bis sie sich mit Quell- oder Grundwasser

„gereinigt“ hat, sondern erst recht nach der Geburt eines Sohnes. Ganze 40 Tage soll dann diese, sicher nur echten Schriftgelehrten verständliche, „Unreinheit“ dauern. Dass diese bei der Geburt eines Mädchens nur 20 Tage währt, könnte darüber hinaus ein lohnendes Thema für ein Seminar von Gleichstellungsbeauftragten abgeben. Egal, nach den besagten 40 Tagen durfte Maria im Tempel ihren Sohn, der als Erstgeborener bis dahin als Eigentum Gottes galt, mit einem Opfer „auslösen“. Dieser Vorstellung entspricht nun vor allem der andere Name für unseren Gedenktag, nämlich einer „Darstellung des Herrn“, Übersetzungsprobleme aus dem Hebräischen mit einbezogen. Juden kennen diese Geschichte der „Auslösung“ des Jesusknaben durch seine inzwischen „gereinigte“ Mutter. Dass ein Andenken an dieses jüdische Ritual dann aber Eingang fand in den katholischen Jahreskalender des Mittelalters, ist angesichts der oft üblen Auseinandersetzung zwischen „frommen“ Christen und „bösen“ Juden kaum nachvollziehbar. Doch Wunder gibt es immer wieder, warum nicht auch für „Mariä Lichtmess“, „Mariä Reinigung“ oder die „Darstellung des Herrn“ am 2. Februar.

In vielen Kirchen hat sich in diesem Zusammenhang zudem eine eher heidnisch anmutende Tradition - auch etwas rätselhaft – entwickelt. Gläubige bringen ihre Kerzen, am besten ihren ganzen Jahresbedarf, in die Kirche, wo sie der Pfarrer gesten- und wortreich segnet. Dies ist dann die ganz wörtlich verstandene „Messe des Lichtes“, wenn auch zu Ehren der „gereinigten“ Maria. Weiter zurück liegende Ursprünge dieses „Lichterfestes“ dürften allerdings nicht im Tempelgeschehen zu Jerusalem zu suchen sein, sondern liegen wohl eher in Licht- und Feuermythen weit abgelegener Völker. Ein Blick nach Irland mit den dort keltisch verwurzelten Gebräuchen bringt weiter Licht ins Dunkel. Verräterisch ist zum Beispiel das seit undenkbaren Zeiten gefeierte „Imbolc“, ein Frühlingsfest, das bezeichnenderweise in der Nacht vom 1. auf den 2. Februar mit großen Freudenfeuern begangen wird. Und hier muss der Ursprung der „Lichtmesse“ gesehen werden, die mit der jüdischen „Auslösung“ nun gar nichts gemein hat. Überhaupt sollten in diesen Tagen allerorten die dunklen Wintertage vor allem mit Feuerzauber ausgetrieben werden, um die des lichten Frühlings möglichst bald begrüßen zu können. Dass in solchen volkstümlichen Vorstellungen auch immer etwas von Hokuspokus lag, wussten auch Mönche und Priester und machten sich das Gefühl des heiligen Erschauerns ihrer zu bekehrenden Schäfchen zunutze. In unserem konkreten Falle ging es nun um einen Heil-Zauber, nun ganz bewusst in Verbindung mit der Mutter Gottes: Geweihte Kerzen sollten den Gläubigen zum Beispiel die Gewissheit geben, dass ihre Häuser bei schwerem Gewitter vor Blitzen geschützt sind, wenn rechtzeitig eine dieser geweihten Kerzen angezündet wird. Weil das in den allermeisten Fällen ja auch funktionierte, durfte man getrost an die Quacksalberei zu Mariä Lichtmess glauben, auch wenn unser gerade mal 40 Tage alter Jesusknabe im Tempel von Jerusalem von solchem Zauber noch nix hat wissen können.

Kommen wir nun noch einmal in unsere bäuerliche Welt früherer Zeiten zurück, so war der 2. Februar auch ein wichtiger Termin für das Gesinde. Hier wurde der versprochene Jahreslohn ausbezahlt, zum Teil in Form von Naturalien oder auch Kleidungsstücken. Über eine noch gute Hose des Bauern oder ein Häs der Bäuerin, das ihr nicht mehr passen wollte, freute sich so mancher Knecht oder manch abgearbeitete Magd mit Sicherheit ganz besonders. Diese konnten dann auch von

Glück sagen, wenn sie für ein weiteres Jahr eine Anstellung auf dem vertrauten Hofe erhielten. Wenn nicht, endete das Arbeitsverhältnis an diesem Tage und man musste auf einem anderen Hof um eine Anstellung vorsprechen. „Dienstbotenwandern“ nannte man das oder „Schlenkeltag“, entsprechend dem bayrisch-fränkischen „Schlenkel“, das unstet oder untreu bedeutet. Nicht verwechseln sollte man diesen Begriff mit dem ebenfalls aus dieser Region stammenden „Schlenkerla“, einem dunklen Märzen. Doch Vorsicht. Wenn man in seliger Versenkung ein Glas zu viel von dem köstlichen Rauchbier getrunken hat, könnte durchaus die Gefahr bestehen, dass auch der bibelfesteste Katholik völlig durcheinander kommt mit seinem jüdisch-heidnischen Mariä Lichtmess.

Der Blasius-Segen –
besser als jeder Hustensaft

Mancher katholische Priester hält so viel vom heiligen Blasius, dass er nicht erst auf dessen Namenstag am 3. Februar warten möchte, sondern schon einen Tag früher, an Mariä Lichtmess, mit seinem Segen beginnt. Es sind ja noch die kalten Wintertage, an denen es nicht selten zu den üblichen Erkältungen kommt. Hustet dann die halbe Gemeinde während der heiligen Messe, kann das für alle störend sein, auch für den Pfarrer. Deshalb nützt er die Gelegenheit, um mit dem seit altersher wunderwirksamen Blasius-Segen seine kränkelnden Schäfchen vor Halsweh zu schützen. Da in dieser nasskalten Jahreszeit meist viele von ihnen betroffen sind, reicht es nicht aus, den Segen am betreffenden 3. Februar zu erteilen, nein, es ist in manch einer katholischen Gemeinde notwendig, mit dem medizinischen Zauber schon einen Tag vorher zu beginnen, eben zum Ende des Gottesdienstes an Mariä Lichtmess. Neuere Erklärungen dafür ergeben sich aus der eher ernüchternden Entwicklung von Gottesdienstbesuchen. Die wenigen, die sich am St. Blasius Tag zum Kirchgang noch einfinden, könnte der Priester an einer Hand abzählen. So ist der heilige Blasius mit seinem Segen neuerdings eben einen Tag früher dran. Auch gut.

Und womit dürfen die oft schon bös' Verschnupften nun rechnen? Der Pfarrer verkündet es laut und verständlich: *„Auf die Fürsprache des heiligen Blasius bewahre dich der Herr vor Halskrankheit und allem Übel…"* Wenn die um ihre Gesundheit Bangenden dann ebenso laut und verständlich mit einem *„Amen"* antworten, kann der Segen wirksam werden. Notwendig sind dabei zwei gekreuzte brennende Kerzen, die den

Besorgten möglichst nahe an den Hals gehalten werden. Uralter heidnischer Feuerzauber und christliches Kreuzsymbol sind hier in kirchlicher Verantwortung brav vereint. Und wenn alles funktioniert, muss sich der örtliche Landarzt in den nächsten Tagen nur noch den Evangelischen oder sonstigen Halb- und Ungläubigen widmen.

Na ja, wollen wir trotz allem Sarkasmus doch noch einen ernsthaften Blick auf den Heil-Zauber werfen, in dem sich offensichtlich christliche Segensgewissheit mit dem Glauben an althergebrachte heidnische Zaubersprüche verbunden hat. Man denke nur an die bekannten Merseburger Zaubersprüche aus dem 9. Jahrhundert, die bei Flucht aus Gefangenschaft halfen oder bei verstauchten Füßen. Und die hatten ja auch immer funktioniert, wenn man fest an sie glaubte. Und gerade darin liegt eine durchaus wissenschaftlich anerkannte Erklärung: Wenn man von solchem Zauber überzeugt ist, dann kann dieser so manches Mal tatsächlich auch wirken. Mediziner der Psychosomatik, Globuli-Gläubige oder sonstige Esoteriker wissen das.

Eine andere Erklärung liefert die Religiosität selbst. Christen wurden vor allem durch das Gottesbild des Alten Testaments davon überzeugt, dass Gott „in allem“ ist und alles bewirkt. Zuweilen benötigt er vom Heil besonders Gesegnete, um seine Gegenwart auch denen kundzutun, welchen weniger Gottesnähe beschieden ist. In unserem Falle geht es nun um den heiligen Blasius, einen der von Katholiken besonders verehrten 14 Nothelfern. Diesen ist zum Beispiel in Bad Staffelstein bei Bamberg die beeindruckende Basilika Vierzehnheiligen namentlich geweiht. Elf heilige Männer gehören dazu, aber auch drei Frauen, womit in der Kirche schon ein bescheidener

Anfang gemacht worden war hinsichtlich der Gleichberechtigung oder einer paritätischen Mitbestimmung, die heute ja selbstverständlich sein sollte. Diese Nothelfer wurden, wie ihr sprechender Name schon verrät, in der „Not“ um Beistand angerufen. Und an der hat es in früheren Zeiten nie gemangelt. Körperliche Gebrechen waren tägliche Begleiter wie Ängste vor Tod und Gewalt und die Furcht vor Unwetter oder schlechten Ernten war allgegenwärtig. Medizinische Rundumversorgung, wie sie für uns heute selbstverständlich ist, und ein verlässliches Sozial- und Rechtssystem waren noch undenkbare Utopien. Was dem damaligen Menschen in seinen Nöten übrig blieb, waren Gottvertrauen und die Hoffnung auf Erhörung inbrünstiger Gebete. Und dabei bot ein von der Kirche versprochener Beistand „von oben“ Trost, eben auch der durch Heilige. Beweis für deren Qualifikation war ihr einst erduldetes Martyrium in unerschütterlichem Glauben, womit sie sich als besonders Erwählte Gottes ausgezeichnet hatten. Meistens rief man diese dann allesamt als „14 Nothelfer“ an, weil man hoffen durfte, dass bei allen denkbaren Nöten, die einem drohen konnten, immer einer bereitstand, der mit seinem besonderen Heil ein offenes Ohr bei Gott finden würde. Unser Blasius ist nun einer von ihnen und ganz speziell für Halsprobleme zuständig, hatte er doch noch kurz vor seiner Hinrichtung als Bischof von Sebaste im Gefängnis einen jungen Mann vor dem Ersticken bewahrt. Nach innigem Gebet löste sich bei diesem eine unglücklich verschluckte Fischgräte, während Blasius allerdings selbst seiner Hinrichtung als verfolgter Christ im Jahre 316 nicht entgehen konnte. Da half kein Beten, aber so ist er wenigstens ein echter Heiliger geworden, der nicht nur bei Fischgräten, die einem im Halse stecken bleiben, helfen kann, sondern insgesamt bei allen Problemen und Leiden des Halses. Und am 2. oder 3. Februar dürfen gläubige

Katholiken mit ihm und seiner Fürbitte ganz speziell rechnen, wenn's mal bös' im Halse kratzt. Ausprobieren kann man's ja mal. Kostet doch nix außer ein Scherflein in die Opferbüchs.

Unklar bleibt allerdings, wie es zu dem Attribut des Heiligen mit zwei gekreuzten Kerzen kam. In einer der überlieferten Legenden ist dabei nämlich nur von *einer* Kerze die Rede: Blasius hatte mit Gebeten dafür gesorgt, dass eine arme Frau, der ein Wolf ein Schwein geraubt hatte, dieses wieder, oder was davon noch übriggeblieben war, zurückerhielt. Zum Dank bekam der fromme Mann Kopf und ein Bein des Schweines geschenkt, und dazu eben auch eine der besagten Kerzen. Die Form nun gekreuzter Kerzen ist wohl nur dem christlichen Grundsymbol an sich geschuldet. Zur Beruhigung von Ängsten der bäuerlichen Bevölkerung rund um den beschaulichen Ort St. Blasien im Schwarzwald könnte die Legende trotzdem von ganz aktueller Bedeutung sein, wurden doch neuerdings gerade dort schon erste Wölfe gesichtet. Oh St. Blasius, hilf auch hier!

Valentinstag

Ein Heiliger mit Blumen auf Weltreise

Wie schön! Es geht erst einmal nur um eine liebenswerte Geste an diesem Tag des heiligen Valentin am 14. Februar. Frisch Verliebte und lange sich schon Liebende schenken sich an diesem Tag Blumen und Süßigkeiten. Dieser Brauch wird vor allem als Gelegenheit vom männlichen Geschlecht, oder was sich dafür hält, genutzt, um dem geschätzten Gegenüber eine Freude zu machen, Aufmerksamkeit zu erregen oder mit einem Blumenstrauß bewährte Bindungen zu festigen. Dass sich vor allem Supermärkte reichlich eingedeckt haben mit den schönsten Blumen und den köstlichsten Pralinen, ist für diesen Tag schon selbstverständlich. Den Marketingtrubel nimmt man hin, darf alles drum herum vergessen, nur nicht das Datum des 14. Februar. Dass dieser Tag der Namens- oder Gedenktag des heiligen Valentin ist, erscheint dann nicht mehr so wichtig. Es reicht doch zu erahnen, dass dieser Heilige ein besonders sympathischer Vertreter der zahllosen Vorbilder christlicher Nächstenliebe gewesen sein muss. Schade eigentlich, wenn dabei unser Wissen nicht über Tulpen aus Holland und Pralinen der zartesten Art hinausreicht.

In Deutschland ist der Brauch, der sich mit dem Valentinstag verbindet, ja noch gar nicht so alt, brachten diese Tradition doch erst amerikanische Soldaten nach dem Zweiten Weltkrieg mit. Da solch „neumodisches Zeug“ aber zunächst auf breite Ablehnung stieß und auf noch breitere Armut der kriegsgeschädigten Bevölkerung, dauerte es lange, bis sich die „neue Mode“ hierzulande durchsetzte. Doch dann gab es kein Halten mehr und der liebenswerte Heilige darf seinen Namenstag in herzlicher Zuneigung für alle Liebenden mit Blumen und Süßigkeiten feiern.

In Italien treffen sich an diesem Tage Verliebte gerne auf Brücken, wo sie Liebesschlösser anbringen, die mit ihren Initialen versehen sind. Dann werden die Schlüssel als „Valentinsschlüssel“, am besten mit einem Glas Sekt in der Hand, ins Wasser geworfen mit geheimen Wünschen, die nur verliebte Augen lesen können. In diesem Sinne ist Valentin auch als Heiliger der Zärtlichkeit nicht nur in Europa, sondern in der ganzen Welt beliebt. Seine Symbole auf Heiligenbildern sind Gegenstände mit herzförmigen Umrissen, schnäbelnde Täubchen und geflügelte Liebesboten, wie Cupidos und übermütige Eroten. Das mag ein Grund dafür sein, dass die katholische Kirche mit ihrem Moralkodex ihre Probleme mit diesem Heiligen hatte. Zu viel an Verliebtheit, zu großes Verlangen vor der Ehe, zu früher Sex – nein, das geht gar nicht, auch nicht nach phantasievollen Blumengeschenken. Einige Gemeinden versuchen diesem „Sündenpfuhl“ etwas Ernsthaftes entgegenzusetzen, indem sie am Sonntag, der auf den 14. Februar folgt, nach dem üblichen Gottesdienst eine Valentinssegnung für verheiratete Paare anbieten. Der Andrang sei bei diesen Veranstaltungen allerdings nicht sehr groß. Unserem heiligen Valentin sollte man dafür aber keine Schuld geben, er kann nix dafür.

Ein anderer Grund für die Zurückhaltung der katholischen Kirche in Sachen Liebesglück am Valentinstag liegt in der ungeklärten historischen Figur des Heiligen. Es gibt zwar zahllose Valentinskirchen von Irland bis Malta mit noch zahlreicheren Reliquien dieses angeblichen Märtyrers, aber nix Genaues weiß man nicht. Papst Gelasius hat 496 einem heiligen Valentin den 14. Februar als Gedenktag zugewiesen, indem er im

Gegenzug das uralte römische Fruchtbarkeitsfest dieser Tage, die „Lupercalien“, abschaffte. Diese waren seit alters her vom 13. bis 15. Februar übermütig gefeiert worden. Da jeder weiß, wie Heiden, also auch die Römer von ehedem, Frühlingsfeste zu feiern pflegten, wo keine Kehle trocken und kein Mund ungeküsst blieb, kann sich ausmalen, dass das einem besonders frommen Papst irgendwann so gegen den Strich ging, dass er etwas tun musste. Da Verbote in solchen Situationen bei der einfachen Bevölkerung wenig nützen, dafür aber erfahrungsgemäß Übertünchungen mit christlichem Flair ganz gut klappten, musste ein Ersatz her, und der wurde dann im heiligen Valentin gefunden. Trotz der Trauer über seinen Märtyrertod durfte er entsprechend der Tradition der Lupercalien mit den Blumen des Frühlings und mit der Liebe in Verbindung gebracht werden. Das funktionierte so lange, bis der Glaubenskongregation im Vatikan auch das wohl zu weit ging und sie dem „lachenden Papst“ Paul VI. empfahl, den liebevollen Valentin wieder aus dem römischen Generalkalender der Heiligen zu entfernen. Na ja, auch dagegen konnte sich der Heilige aller Liebenden leider nicht mehr wehren.

In der umfangreichsten Legendensammlung des Mittelalters, der „Legenda aurea“ des Jakobus de Voragine um 1270, wird die bekannteste Geschichte über Valentin erzählt. Danach war der römische Kaiser Claudius, er regierte von 41 bis 54, auf ihn aufmerksam geworden. Da er ihm anscheinend als besonders liebenswürdig und klug geschildert worden war, lud er Valentin ein zu einer Diskussion über dessen Gott und die römische Bürgerpflicht, den Kaiser gleichsam als göttlich zu verehren. Einige meinen, Claudius habe damit dem verdächtigen Christen einen Rettungsring zugeworfen, mit dem er sich vor der nächsten Welle einer drohenden Christenverfolgung hätte retten können. Aber nein, nicht Valentin wurde unsicher in seinem Glauben, sondern der Kaiser selbst. Wütend, wohl eher über seine eigene Schwäche als über den seltsamen Kult der Christen, die sich vor allem in den unterirdischen Katakomben Roms heimlich versammelten und sicher alles andere taten, als dem Kaiser zu huldigen, soll er Valentin, und andere gleich mit, zum Tode verurteilt haben. So wurde man eben Märtyrer. Dass dieser heilige Valentin im Gefängnis der erblindeten Tochter des Aufsehers durch Gebete wieder zum Sehen verholfen hatte, machte ihn auch zum Hoffnungsträger aller Blinden und Augenärzte. Da Valentin den letzten Brief an die sicherlich besonders hübsche junge Frau mit „Dein Valentin“ unterschrieben habe, bringt die Legende wieder auf Kurs zu allen Verliebten am 14. Februar, an dem er als standhafter Christ enthauptet worden sein soll.

Im späten Mittelalter hat sich die Legende um den heiligen Valentin und den 14. Februar mit üblichen Motiven des Minnesangs verbunden. Der Engländer Geoffrey Chaucer nimmt in sein „Parlament der Vögel“ 1382 das schon gängige Motiv von Vögeln auf, die sich ab dem Valentinstag in jubilierender Liebeslust paaren. Shakespeare geht in seinem „Hamlet“ ebenfalls auf das Valentinsmotiv ein, wenn er (in IV,5) Ophelia krank vor Liebe singen lässt:

Oh, morgen ist Sankt Valentin!
Ich steh' frühmorgens
Noch als Mädchen vor deinem Fenster
Und will nur noch deine Valentine sein!

Und es passiert, was auch schon im Jahre des unschuldigen Herrn um 1600 in England passieren durfte:

Er stand auf und zog sich an,
Öffnete ihr die Kammertür
Und ließ die Jungfer ein.
Heraus allerdings kam keine Jungfer mehr.

Seit dem 18. Jahrhundert breitete sich der Valentinskult in England weiter aus, wenn mit Blumen, Süßigkeiten und nun auch mit besonders kunstvoll gestalteten Grußkarten, sogenannten „Valentines", am 14. Februar Liebesgrüße ausgetauscht werden. Mit der weltweiten Expansion des englischen Einflusses wurde der Valentinstag ein regelrechter Commonwealth-Schlager und kam dann nach 1945 über die USA und seine Soldaten wieder zurück, especially to good old Germany. „God save the King" könnten deshalb alle Verliebten rufen, wüssten sie nur ein wenig mehr von der Weltreise ihres eigentlich nur liebenswerten Sankt Valentin, dem sogar die Beatles ein musikalisches Denkmal setzten mit ihrem Song „When I'm 64", wo es heißt:

Will you still send me a valentine,
Birthday greetings, bottle of wine?

Lostage

Zu diesen gehört nicht nur die Kalte Sophie

„Wenn der Hahn kräht auf dem Mist, ändert sich`s Wetter oder es bleibt, wie`s ist“, das ist nun fraglos eine immer zutreffende Bauernregel, macht sich aber doch zu Unrecht über diese lustig. Bis vor zwei-, drei Generationen wurden den Wettervorhersagen alter Bauernregeln an den jeweiligen „Lostagen“ des Jahres viel Aufmerksamkeit geschenkt. Um sich zudem über das Wetter der nächsten Tage zu vergewissern, reichte es den Bauern oft, mit ihren abgearbeiteten Fingern noch vor dem Morgenkaffee auf das Glas des Barometers zu klopfen, um zu sehen, *ob`s nauf goht odr ra,* wie es mein Großvater ausdrückte. Dieses in lackiertem Holz gefasste Wundergerät in der Fensterlaibung, vielleicht sogar mit einem Thermometer versehen, hatte in manchen begüterten Hof- und Haushaltungen zuweilen sogar der Kuckucksuhr aus dem Schwarzwald den Rang abgelaufen. Über deren Zifferblatt hatte sich abwechselnd ein Pärchen gezeigt, das mit seinem Erscheinen gutes oder schlechtes Wetter ansagte, wenn auch nicht immer zuverlässig. Im volkstümlichen Gender-Verständnis durften hübsche junge Frauen im roten Dirndl das schöne Wetter anzeigen, während der Mann in blauer Tracht für die regnerischen Tage zuständig war. Für heutige Generationen allenfalls noch nette Jodler-Romantik.

Ganz ähnlich geht es heute der Wertschätzung alter Lostage, wenn solche uns in veralteten Abreißkalendern begegnen. Doch auch neuere Formen einer kalendarischen Übersicht verzichten selten auf einen Hinweis allgemein noch bekannter Lostage. Trotzdem werden sie kaum ernstgenommen. Das Vertrauen in die täglichen Wettervorhersagen, die uns die modernen Medien zu jeder Tages- und Nachtzeit liefern, ist groß, da sie erfahrungsgemäß auch stimmen. Hunderte Wettersatelliten umkreisen die Erde und sammeln zahllose meteorologische Informationen. Studierte Wetterfrösche werten sie aus und vergleichen alles mit Tausenden von Daten, die in globalen und nationalen Wetterstationen gesammelt und digital zur Verfügung gestellt werden. Und da haben unsere altbekannten Lostage nun wirklich keine Chancen mehr, sich noch ernsthaft Gehör zu verschaffen. Doch Obacht, es wird ihnen immer wieder mal von Meteorologen ein dünnes Rettungsseil zugeworfen! Langjährige Wetteraufzeichnungen belegen nämlich, dass unsere Altvorderen mit ihren Bauernregeln keineswegs ganz falsch lagen. Im Gegenteil, der Trend der Vorhersagen stimmt bis heute. Und das hat überhaupt nichts mit Hexerei, germanischem Runenzauber oder Fröscheaufblasen zu tun, sondern ganz einfach mit jahrelangen und sorgfältig gesammelten Wetterbeobachtungen durch die Bauern. Diese wussten, dass die besten Tage zum Säen und Ernten wenig mit Glück zu tun haben, sondern immer mit einem kritischen Blick in den Himmel. Wenn von dort zuweilen ein von Schamanen oder Priestern versprochener Segen nach vorgegebenen Opferritualen zu erwarten war, musste das kein Fehler sein. Aber Gebet und Glaube hin oder her, was die Ahnen über das Wetter wussten, galt erst mal als gesichertes Wissen, fahren doch auch wir heute im digitalen Zeitalter mit guten Erfahrungen meist noch ganz gut.

Einer der ersten bekannten Lostage ist Mariä Lichtmess am 2. Februar, dem hier schon ein Kapitel gewidmet ist. Die Weihnachtszeit ist vorbei, die Krippenfiguren abgeräumt und der Blick nach vorne gerichtet dem Frühling entgegen. Und man freut sich, wenn es an diesem Tage *„stürmt und schneit, ist der*

Frühling nicht mehr weit". In der Zeit zwischen Mitte und Ende Mai liegen die fünf Tage der Eisheiligen, denen bis heute Gartenfreunde mit höchstem Respekt begegnen, wenn ihnen überall die schönsten Blumenangebote in die Augen springen. Kein Gartencenter, kein Einkaufsmarkt wollte warten bis zur Kalten Sophie, wo doch jeder weiß: *„Vor Nachtfrost du nicht sicher bist, bis Sophie vorüber ist"*. Aber auch ihren männlichen Kollegen sollten die großen und kleinen Gärtner durchaus Vertrauen schenken. Mamertus, ein französischer Bischof des 5. Jahrhunderts, war wohl kein besonders fürsorglicher Kirchenmann, wenn es bis heute am 11. Mai heißt: *„Mamerz hat ein kaltes Herz."* Der zweite Eisheilige Pankratius musste im Jahre 1305 trotz seiner erst 14 Jahre schon das Los eines Märtyrers auf sich nehmen, als der römische Kaiser Diokletian glaubte, die frühen Christen verfolgen zu müssen, nur weil diese ihn in seiner kaiserlichen Würde nicht als göttlich verehren wollten, so wie es ja allgemein üblich war. Traurig, aber so kann der Heilige heute wenigstens an jedem 12. Mai warnen: *„Wenn`s an Pankratius gefriert, ist der Garten ruiniert."* Also wartet mit den Setzlingen von Blumen und Salat! Servatius, der dritte der Eisheiligen, der besonders in Norddeutschland verehrt wird, genoss als Bischof in den Niederlanden höchstes Ansehen. Er starb am 13. Mai 384 in Maastricht. Der Legende nach war Servatius sogar direkt mit der Heiligen Familie verwandt, und zwar über den Enkel von Emeria, einer Schwester von Anna, der Großmutter von Jesus. Und so gesehen war auf die Wetterwarnung dieses Heiligen, der mit dem Himmel in gerader Linie in Verbindung stand, nun auch wirklich Verlass, wenn es heißt: *„Servatius muss vorüber sein, willst vor Nachtfrost sicher sein."*

Die noch fehlenden Heiligen des Eises, Bonifatius und Sophia, werden vor allem in Süddeutschland verehrt, wenn es dort zuweilen heißt: *„Vor Bonifatius kein Sommer, nach der Sophia kein Frost."* Unser Wetterfrosch Bonifatius, genannt von Tarsos, darf nicht verwechselt werden mit seinem berühmten Namenskollegen Bonifatius, dem Patron der Deutschen, der die heidnische Donar-Eiche der Germanen fällte und in seiner Mission viele Diözesen gründete, bevor auch er, wie sein früherer Namensvetter, doch noch als Märtyrer endete und das 754 als Achtzigjähriger. So hatte er wenigstens etwas vorzuweisen, wogegen unser echter Eisheiliger nur Pech hatte. Als junger Mann, so wie er bildlich immer dargestellt wird, wenn er in einem Kessel mit siedendem Pech sitzt, war er erst einmal kein Christ. Als er aber deren Standhaftigkeit nur bewundern konnte, wie sie als bekennende Gläubige während eines römischen Pogroms starben, wollte auch er Christ werden, leider ganz zur Unzeit. Die Römer packten auch ihn und brachten ihn in Tarsos, heute in der Türkei, im Jahre 306 ums noch junge Leben, ob in einem Kessel mit kochendem Pech oder, für die Römer doch viel lustiger, als Gejagter einer Tierhatz im Circus, ist nicht sicher überliefert. Allem Unglück zum Trotz wurde Bonifatius, der, wie der Name sagt, „das Gute tut", danach doch noch als Heiliger verehrt. Aus heutiger Sicht scheint es allerdings etwas widersinnig, wenn nicht makaber, dass dieser Heilige in seinem Kessel mit siedendem Pech als Heiliger des Eises gelten darf, an dessen Gedenktag, dem 14. Mai, es durchaus noch einmal bitter kalt werden kann.

Die Kalte Sophie schließlich beendet den Reigen der Eisheiligen in würdig weiblicher Haltung. Sie wurde von der bäuerlichen Bevölkerung erst einmal angerufen, um ihren Segen für das Gedeihen der Feldfrüchte zu erbitten. In dieser Rolle steht sie noch ganz in der Tradition der heidnischen Muttergottheiten der Germanen und Kelten und deren drei heiligen Frauen, den ange*beteten Bethen* Wilbeth, Borbeth und hier vor allem der Ambeth, die in besonderem Maße für das Wachstum der Feldfrüchte zuständig war. Unser „Samstag“ erinnert, wie an anderer Stelle ausgeführt, als *s`Ambeths Tag* noch ganz direkt an sie. Sophiens Anrufung galt dann in zweiter Linie dem Schutz vor gefürchtetem Nachtfrost, der nach verführerisch sonnigen Frühlingstagen doch noch hereinbrechen konnte. Von der Heiligen Sophia von Rom, die dem 15. Mai ihren Namen gab, ist wenig bekannt. Sie wurde im Jahr 304 Opfer der Christenverfolgung, wiederum unter Kaiser Diokletian, und gilt als frühchristlich jungfräuliche Märtyrerin. Sie gab vielen Kirchen ihren Namen, leider nicht der prächtigsten aller Sophienkirchen, der Hagia Sophia im heutigen Istanbul. Der byzantinische Kaiser Konstantin d. Gr., der sie erbauen ließ, wollte sie der göttlichen Weisheit geweiht wissen, was der Bedeutung ihres griechischen Namens entspricht. Schade eigentlich für die Kalte Sophie, so hätte unsere Eisheilige doch in der heutigen Türkei für gutes Wetter sorgen können, wofür sich auch die Politik zuweilen ganz dankbar zeigen könnte, wenn es heißt: *„Die kalte Sophie bringt zum Schluss gerne noch segensreichen Regenguss.“*

Und wenn die Wettervorhersagen unserer Eisheiligen nicht immer ganz genau zutreffen, liegt es nicht unbedingt an ihrem mangelnden Heil oder unserem schwachen Glauben, sondern eher daran, dass nach der Kalenderreform von Papst Gregor XIII. im Jahre 1582 alles um einige Tage verschoben wurde, also auch die vorausgesagte Zeit, um mit gutem Gewissen Salat, Gurken und Geranien auszusäen oder zu pflanzen.

Vergleichbare Vorsicht gilt auch für die Tage der Schafskälte vom 4. bis 20. Juni, wenn erfahrungsgemäß kalte Polarluft das Kommen der ersehnten Sommertage verzögert. Da in dieser Zeit die Schafe geschoren worden waren, schützte sie kein warmes Fell mehr, wenn es nachts noch einmal lausig kalt werden konnte. Vor allem machten sich die Schäfer Sorgen um ihre Lämmer, die im Frühjahr geboren worden waren und den traditionellen Sinn oder Unsinn eines österlichen Lammbratens heil überstanden hatten.

Dem folgenden Lostag von Johannis am 24. Juni ist in diesem Buch mit dem „Johannisfeuer" ein eigenes Kapitel gewidmet. Bauernregeln dieses Tages zeigen, wie auch alle anderen des Frühsommers, die Sorgen der Menschen vor möglichen Missernten, die der moderne Mensch nicht mehr nachvollziehen kann. Im Angebot unserer Supermärkte gibt es keine Jahreszeiten, deswegen können wir heute über die alten Bauernregeln nur noch schmunzeln, wenn es zum Beispiel noch sorgenvoll heißt: *„Vor dem Johannistag man Gerste und Hafer nicht loben mag"* oder *„Der Kuckuck kündet teure Zeit, wenn er nach Johannis schreit"*.

Die Lostage der Siebenschläfer wurden durch die gregorianische Kalenderreform ebenfalls betroffen und vom 27. Juni vor 1582 auf den 7. Juli danach verschoben und verweisen auf eine meist stabile Wetterlage: *„Wie`s Wetter an Siebenschläfertag, so der Juli werden mag"*. Meteorologische Aufzeichnungen belegen, dass diese Regel tatsächlich häufig für Süddeutschland zutrifft. Der Name des betreffenden Tages hat nun nichts mit den putzigen Tierchen zu tun, die über die kalte Jahreszeit gerne in der Dämmwolle unter Dachziegeln ein gemütliches Zuhause finden, sondern geht auf eine mittelalterliche Legende zurück. Nach ihr waren einst sieben Christen während der Christenverfolgung um 250 lebendig in eine Höhle bei Ephesus eingemauert worden. Aber, oh Wunder, sie starben nicht, sondern schliefen 195 Jahre lang, bis sie am 27. Juni (heute am 7. Juli) 446 wieder erwachen und das Tageslicht erblicken durften. Deswegen wurde dieser Lostag Gedenktag der Kirche und Bauern.

Die nächsten Lostage, die Hundstage, haben auch einen leicht missverständlichen Namen, ist damit doch keineswegs ein nicht enden wollendes Sauwetter oder eine bedrückende Hitzewelle gemeint. Im Gegenteil, die Hundstage wurden in den Bauernregeln eher positiv gesehen, wenn es zum Beispiel hieß: *„Sind die Hundstage voll Sonnenschein, wird das Jahr recht fruchtbar sein“*. Da wird schon deutlich, dass der Name dieser Tage ab Ende September nichts mit der Abwertung durch einen Straßenköter zu tun hat. Er geht auf eine Sternenkonstellation dieser Zeit zurück, auf das Sternenbild des Großen Hundes und des Sirius, also auf keine langjährige Wetterbeobachtung, wie bei den anderen Lostagen. Diese astronomische Beobachtung ist folglich auch nicht mittelalterlich, sondern geht auf antikes Wissen zurück.

Fehlen noch drei der bekannten Lostage. Es sind der Michaelistag am 29. September, der Hubertustag am 3. November und der Martinstag am 11. November. Sie werden in jeweils eigenen Kapiteln vorgestellt werden, damit wir hier nun endlich von den Lostagen loslassen können.

Freitag, der Dreizehnte

und sonstiges Unglück

Und heute auch noch eine schwarze Katze, die von links nach rechts – oder war`s umgekehrt? – die Straße quert! Schlimmer kann`s nicht kommen. Wir wissen das und nehmen uns für den Rest des Tages besonders in Acht. Statistiken belegen zwar, dass es an solchen Tagen, wie dem Freitag, den 13., keine erhöhten Unfallzahlen gibt, aber egal, man weiß ja nie...

Überhaupt, das Jahr ist voll von unheilschwangeren Tagen, vor allem, wenn man an sie glaubt. Als „Schwendtage" ergänzen sie die „Lostage", an denen vor allem die Bauernregeln das Wetter vorhersagen, von denen im vorigen Kapitel zu lesen war. Schwendtage gelten dagegen nicht für die Zukunft, sondern beinhalten Mahnungen für das Hier und Heute. Von ihnen gibt es eine Vielzahl, was deutlich macht, wie die frühere Bevölkerung, vor allem auf dem Lande, vom Aberglauben geängstigt war. Trotz Christianisierung waren uralte Dämonen allgegenwärtig, die auf heidnische Zeiten zurückverweisen. Unser Freitag, der 13. konnte sich in diese unheilige Tradition fast unbemerkt einschleichen, obwohl er tatsächlich mit den überlieferten *Schwend*tagen überhaupt nichts zu tun hat. Trotzdem ver*schwinden* auch an diesem Tage, wie man meinen könnte, die glücklichen Umstände gar zu leicht und das Pech scheint geradezu herausgefordert.

An Schwendtagen sollte man nichts Großes beginnen, nichts Wichtiges in Angriff nehmen, also keine Reise antreten, keine Kuh verkaufen oder gar eine Verlobung feiern wollen. Dagegen fordern bestimmte Arbeiten an solchen Unglückstagen einen Zaudernden geradezu heraus, wenn es darum geht, etwas Unangenehmes oder Störendes ver*schwinden* zu lassen, wie zum Beispiel die Unordnung im Hause, wenn man sich von etwas *trennt*. Rüben verziehen oder Unkraut jäten stand somit in früheren Zeiten auf dem Bauernhof an, da hierbei etwas *auszureißen* war. Auch für die Beendigung eines Arbeitsverhältnisses, eines Verlöbnisses oder gar einer bösen Ehe konnte solch ein „verworfener" Tag eine günstige Gelegenheit sein. So schienen die blöden Schwendtage doch noch brauchbar, wenigstens bisweilen.

Es gibt allerdings auch christliche Feiertage, die noch ganz in der Tradition der Schwendtage zu verstehen sind. Allgemein bekannt ist zum Beispiel, dass Gläubige freitags oder gar an Karfreitag kein Fleisch essen dürfen, sonst drohe Unglück. Überlebt hat sich dagegen der unheilvolle 1. April, der Geburtstag von Judas, dem „Verräter" von Jesus, dessen Namenstag aber in keinem Kalender vermerkt ist. Wenn wir an diesem Tag jemanden mit einem lustigen „April, April" necken, dann sollte das ursprünglich wie mit dem Pfeifen im Wald funktionieren: Man wollte die Angst vor dem unheilschwangeren Tag in gespieltem Übermut und erzwungenem Lachen vertreiben. Nur gut, dass wir von dem Fluch, der auf Judas lag, heute nichts mehr wissen müssen. Auch der 1. August galt lange als heute vergessener Tag des Unheils, da nach biblischer Überlieferung an diesem Tag Luzifer, der gefallene Engel, von Gott aus dem Paradies vertrieben und in die Hölle verbannt worden war. Nur Juden gedenken noch dieses Tages betend an der Klagemauer. Dass schließlich auch der 1. Dezember ein unheilvoller Tag sein konnte, vor allem in Sachen verbotener Liebe, geht auf die alttestamentarischen Orte Sodom und Gomorrha zurück, da Gott diese in unbändigem Zorn an einem 1. Dezember mit himmlischem Feuer vernichtete, weil es dort sexuell drunter und drüber gegangen sein soll. Na ja, so müsste dieser Tag heute den beliebten Swinger-Clubs als Mahnung dienen, so dass diese wenigstens an jedem 1. Dezember geschlossen bleiben. Man kann ja nicht wissen.

Auch im alten Rom gab es trotz philosophischer Aufgeschlossenheit diffuse Ängste an sogenannten „dies atri“, an „schwarzen Tagen“. So sollte sich zum Beispiel Caesar auf Bitten seiner Mutter vor den berüchtigten Iden des März in Acht nehmen, was dieser leider nicht tat und deshalb seiner Ermordung nicht entging.

Im Mittelalter, so zwischen 500 und 1500 n. Chr. entwickelten sich solche beängstigende Tage als „dies critici“, als „kritische Tage“. Dies wurde vor allem im Hinblick auf die selten stabile körperliche Verfassung verstanden, was sich auch heute noch in medizinischem Vokabular ausdrückt, wenn ein Patient zum Beispiel in „kritischem Zustand“ in ein Krankenhaus eingeliefert wird oder, weniger schlimm, eine Frau ihre „kritischen Tage“ hat. Vorsichtsmaßnahmen waren an solchen Tagen angebracht. Es wurde nicht zur Ader gelassen und betroffene Frauen mussten sich mehr oder weniger absondern, bis sie wieder als „rein“ gelten durften. Gerade in diesem Punkte benahmen sich die Juden in ihren abgeschlossenen Vierteln der mittelalterlichen Städtchen besonders konsequent, wenn die rituelle Reinigung der Frauen in tief angelegten Miquas[6] mit dem dortigen Grundwasser vorgenommen werden musste. Bei Christinnen reichte nach Tagen sexueller Enthaltsamkeit gemeinhin ein Bußgang in die Kirche mit ein paar Spritzern Weihwasser. Dann durften sie sich zuhause auch wieder die Haare waschen und alle Lebensmittel uneingeschränkt

[6] Über Treppen begehbare Brunnenschächte

anfassen, was während ihrer „kritischen Tage" nicht immer und überall erlaubt war – wenigstens theoretisch. In manchen Haushalten waren aber Hunger und kritische Vernunft gelegentlich doch stärker als dummer Aberglaube.

Nun aber zurück zu unserem Freitag, dem Dreizehnten, der ein junges Mitglied im Jahresreigen der „verworfenen Tage" ist. Grundsätzlich ist erst einmal die Zahl 13 eine traditionell unangepasste Zahl, da sie auch noch als holprige Primzahl auf die vertraute Zwölf folgt. Es gibt 12 Tierkreiszeichen in 12 Monaten. 12 Stämme Israels gehen auf 12 Söhne Jakobs zurück und Jesus schart 12 Jünger um sich, die später 12 Apostel werden. 160mal erscheint diese geheimnisvoll göttliche Zahl in der Bibel! Trotzdem fehlt dort die Zahl 13 nicht ganz, steht doch in Mose 2, 34 Gott habe 13 Eigenschaften. Das bedeutet in diesem Falle aber nichts Negatives, sondern weist darauf hin, dass Gottes Eigenschaften über jedes menschliche Idealmaß hinausreichen. Juden scheuen sich deshalb vor dieser Zahl nicht, im Gegenteil, wird doch ihre Bar Mitzwa[7] für die Buben am Sabbat nach dem Tag gefeiert, an dem diese 13 Jahre alt werden.

In unserem Kulturkreis dagegen konnte eine 13 nur unselig sein und für Ängste sorgen, wie es Kinder, Goethe und Napoleon schon wussten. So soll unser Dichterfürst den 13. Tag eines Monats jeweils im Bett verbracht haben und Napoleon vermied an solchen Tagen jede Schlacht. Im Märchen von Dornröschen werden zu deren Hochzeit nur 12 weise Frauen eingeladen, die dreizehnte leider nicht, weshalb diese Dornröschen mit einem bösen Fluch in einen Todesschlaf verzaubert. Na ja, zum Glück gibt es Prinzen, die über solchen Zau-

[7] Initiationsfeier zur Vollmitgliedschaft in der jüdischen Gemeinde

berkünsten stehen und die Sache wieder in Ordnung bringen. Und wenn keine Prinzen zur Verfügung stehen, dann muss man eben etwas tricksen. So kann man das 13. Stockwerk auch überspringen wie die 13. Sitzreihe im Flugzeug und erst recht die 13. Startnummer beim Motorradrennen auslassen. Die Franzosen sind da bei in ihrem Tarot weniger ängstlich und schauen dem Tod auf der 13. Spielkarte trotzig ins Gesicht. Moderne Verschwörungsdeppen sehen in der Zahl 13 auf dem Ein-Dollar-Schein der USA ein Menetekel für die Zukunft dieser heute noch so stolzen Nation. Aber Achtung, wir finden zwar bei genauerem Hinsehen diese unheimliche Zahl tatsächlich 13mal auf der Note versteckt, was aber kein böser Zauber ist, sondern lediglich ein Symbol für die 13 Gründerstaaten der USA. Wenn es nur immer so einfach wäre, solch dummen Verschwörungsquatsch zu entzaubern. Na ja, lassen wir wenigstens die Filmindustrie ungeschoren, wenn sie seit Jahrzehnten mit der 13 im Titel tolle Horrorstreifen produziert und damit gutes Geld verdient.

Kommen wir wieder zur harmlosen und immer noch frommen Zahl 12 zurück. Sie richtete sich ohne jeden bösen Zauber, aber doch etwas rätselhaft im Rechensystem vieler Kulturen als „Duodezimal- oder Zwölfersystem“ ein, was wir heute mit unserem vertrauten Zehnersystem kaum verstehen können. Wer rechnet noch mit einem Dutzend, Schock oder Gros? Wir wissen zwar noch, wieviel ein Maß Bier ist, aber nicht, dass dieses Maß ursprünglich für 12 Gros stand. Und wenn ein Fuß 12 Zoll hatte, können einem nicht nur die Kaufleute leidtun, sondern auch die Schüler, wenn sie mit dem Abakus immer auf die Grundzahl 12 hin rechnen mussten.

Erstaunlicherweise wird in vielen Kulturen der Welt bis heute mit dem 12-er System gerechnet. So misst in der größten westlichen Nation ein Fuß 12 Inches und ein Yard 3 Fuß oder 36 Inches. Auch Seeleute loten die Tiefe unterm Kiel nach der Zahl von Faden aus, die jeweils wiederum 6 Fuß haben. Französische Revolutionäre veränderten nach 1789 dann nicht nur die Grundlinien der Politik, sondern versuchten 1791 auch den verwirrenden Längenmaßen ein Ende zu bereiten. Es wurde schließlich ein „Urmeter" bestimmt, der in Paris als verbindliches Eichmaß verwahrt wird. Dass dieser Urmeter der 10millionste Teil eines Viertels des Erdumfangs ist, muss man nicht unbedingt wissen, denn heute ergibt sich auf Grund von messbaren Atomschwingungen in Verbindung mit der Lichtgeschwindigkeit ein noch genaueres Längenmaß des Meters. Sein Dezimalsystem mit Millimeter, Zentimeter und Kilometer ist uns allerdings täglich vertraut. Mit durchschlagendem Erfolg hatte man sich dem 10-er System aus ganz praktischen Gründen zugewandt, auch wenn es weniger traditionell oder gar heilig erschien als das uralte Duodezimalsystem. Und heutigen Informatikern gilt bei ihren Zahlenspielereien sowieso nichts mehr als heilig, außer der 1 und der 0.

Doch wie steht es nun um den „Freitag", der die Unglückszahl 13 angeblich noch potenziert? Seit 1307 geistert dieser Unglückstag in der Geschichte, vor allem der französischen, zerschlug doch am Freitag, dem 13. Oktober der französische König mit dem Segen des Papstes in einer über das ganze Land hin organisierten Verhaftungswelle den mächtigen Templerorden. Mit Schauprozessen, Folter und Tod auf dem Scheiterhaufen endete der stolze Ritterorden. Das war aber auch Beginn der Mär vom Teufelspakt des Hochmeisters und seiner adligen Templer. Wenn es folglich nicht nur in Frankreich, sondern auch über seine Grenzen hinaus „13 schlug“, wussten alle, der Teufel hat an diesem Tag seine Hand im Spiel. Seid also gewarnt.

Der nächste Termin, der sich mit dem unglückseligen Freitag im allgemeinen Bewusstsein verband, ließ dann aber lange auf sich warten, es war der 25. Oktober 1929, der, begründet durch die Zeitverschiebung zwischen Europa und den USA, eigentlich ein Black Thursday am 24. Oktober war. Der damalige Zusammenbruch der New Yorker Börse löste eine Weltwirtschaftskrise aus, in deren Nachwirkungen Hitler viele Wähler gewinnen konnte, weil er genau wusste, wer schuld war, natürlich das verschworene „Weltjudentum“. Wohin dieser Verschwörungsunsinn führte, ist leidlich bekannt. Wenn Juden heute diesen Freitag an ihrer Klagemauer in Jerusalem beweinen, wäre das mehr als verständlich und hätte nichts, rein gar nichts mit Aberglauben zu tun.

Es ist logisch, dass sich bei genauerem Hinsehen auf dieses Datum in der Weltgeschichte noch weitere schwarze Unglückstage finden lassen. Es verwundert nicht, dass in jüngerer Vergangenheit dazu vor allem Wirtschafts- und Finanzkrisen zählen, sind sie doch der manchmal auch stotternde Motor des modernen Weltgetriebes. So kam es schon am Freitag, dem 6. 12. 1745 zu einem Kollaps des Londoner Bankwesens, wie auch am 11. 5. 1866. Damals prägte die Londoner Times diesen Begriff des „Black Friday“ und setzte ihn in die Welt. Am 24. 9. 1869 kriselte es noch einmal in den USA, natürlich auch an einem Freitag. Für Deutschland wurde dann Freitag, der 9. 5. 1873 zu einem scheinbaren Glücks-, tatsächlich aber doch zu einem Unglückstag und zwar nach dem erst einmal glorreich gefeierten Sieg über den Erzfeind, den „Franzmann“.

Frankreich hatte nach der verlorenen Schlacht bei Sedan an die siegreichen Deutschen unter deren Kanzler Bismarck hohe Reparationen zahlen müssen. Dieses Geld löste eine kurze Wirtschaftsblüte aus, die deutschen „Gründerjahre". Da diese aber auf keiner stabilen Wirtschaftslage beruhten, folgte, was folgen musste, ein „Gründerkrach" an der Wiener Börse, natürlich an einem Schwarzen Freitag.

Bevor wir noch weitere Unglückstage zu diesem Datum finden, wollen wir mit einem letzten denkwürdigen Black Friday nachdenklich enden, es ist der 18. 11. 1910, der Tag der Suffragetten[8] in London. Diese demonstrierten, weit ihrer Zeit voraus, für die Einführung des Frauenwahlrechts. Aber – oh Unglück – die Demonstration wurde, keineswegs nach feiner englischer Art, mit brutaler Gewalt niedergeknüppelt. Etwa hundert Frauen landeten im Gefängnis und viele waren so schwer verletzt worden, dass einige starben. So gesehen haben auch Frauen ein betontes Genderrecht, einen ganz eigenen Freitag, den 13. zu begehen: Black Friday! Wollen wir ihnen wenigstens das zugestehen.

---

[8] Kämpferische Frauen, die im 19. Jahrhundert für die Gleichberechtigung eintraten

Ostern

und der Hase hat wieder die Eier versteckt

Diese zu suchen, macht nicht nur Kindern Spaß, leuchten sie doch vielfarbig aus den oft liebevoll vorbereiteten Nestern. Fangen wir bei den ganz gewöhnlichen Eiern an und fragen uns, was diese eigentlich mit unserem traditionellen Osterfest zu tun haben. Nach biblischer Überlieferung ist Jesus nach seiner Kreuzigung an Karfreitag *„am dritten* Tage", also am Ostersonntag, *„von den Toten auferstanden"*. Ab diesem Zeitpunkt bekommt er den Titel „Christus", d.h. der „Geweihte" und gilt nun als zentrale Heils- und Lebensfigur für alle, die an ihn glauben. Doch Hasen und Eier kommen dabei ja nirgends vor. Wir müssen also etwas ausholen, um mögliche Zusammenhänge zu erschließen.

Eine ähnliche Geschichte über solch einen unglaublichen Vorgang von Tod und Wiederauferstehung erzählten sich schon viele Jahrhunderte früher die Phrygier, die am Euphrat siedelten. Deren Fruchtbarkeitsgöttin Kybele gebar ihren Sohn Attis, obgleich er, ähnlich wie bei der „Jungfrau" Maria, von keinem Mann gezeugt worden war. Attis wurde darüber hinaus zum Geliebten seiner „Erdmutter" Kybele, eine Verbindung, die in alten Mythen nicht selten vorkommt. Als Attis stirbt, wird er von Kybele selbst wieder zum Leben erweckt. Diese Wiederauferstehung feierten die Phrygier mit einem ekstatischen Frühlingsfest. Unser übermütiges Faschingstreiben, ebenfalls zum Frühling hin, lässt schon grüßen!

Und nun zurück zu unserem Osterfest. Zur Verdeutlichung des unglaublichen Mysteriums von Wiedergeburt und Auferstehung waren Symbole besonders geeignet, zum Beispiel unser

Osterei. Eier sind in allen Kulturen seit jeher ein sichtbarer Beweis für Leben, das bei entsprechenden Umständen anscheinend aus einem leblosen Ding entsteht. So gesehen können sie eben auch als überzeugende Symbole gelten für die unerklärliche Überwindung des Todes durch Jesus: Das Leben triumphiert und somit auch das Heilsversprechen des ewigen Lebens für alle Gläubigen. Dieser Zusammenhang ist also geklärt, weniger allerdings die weiteren Formen des Eierkultes zu Ostern. Weshalb schenkt man sich überhaupt Eier, und das auch nur zu diesem kirchlichen Feiertag, oft sogar ein ganzes Nest voll, immer hart gekocht und dann auch noch bunt bemalt? Eine Erklärung könnte in einer allgemein bäuerlichen Verpflichtung aus früheren Zeiten liegen, zu Ostern einen Teil der Abgaben an den Lehensherrn in Form von Eiern liefern zu müssen. Dem kam zugute, dass in einer gerade zu Ende gegangenen 40-tägigen Fastenzeit viele Eier angesammelt werden konnten, hatte man sich doch brav an die Drohung des Pfarrers gehalten, in dieser Zeit ums Himmels Willen kein Fleisch zu essen oder gar Eier. Viele dieser Eier wurden von der hungrigen, aber frommen Bäuerin hart gekocht, damit sie sich hielten und auch nicht so leicht zerbrachen. Kam dann am üblichen Zinstag, an Gründonnerstag oder direkt an Ostern, die edle Herrin mit ein, zwei Körben vorbei, um die Eier abzuholen, gab es sicherlich für die hohlwangigen Kinder, die der Mutter am Schurz hingen, das eine oder andere als Geschenk und bedeutete eine Vorfreude auf die kommenden Ostertage. Vielleicht ist das die einfachste Erklärung dafür, an Ostern Eier zu schenken, vor allem, um Kindern eine Freude zu machen - auch wenn diese heute selten hungrig und hohlwangig sind. Eier anzumalen, war im grauen Mittelalter kein Thema, außer man kannte ein altes Hausrezept, womit noch zu meiner Kindheit die Bäuerinnen auf der Schwäbischen Alb die Ostereier färbten: Man gab zu den Eiern in das Kochwasser Zwiebelschalen mit etwas Essig und erhielt, wenn die Prozedur gelang, schöne rotbraune Eier. Schenkte man dann dem Pfarrer ein paar von diesen gefärbten Eiern, war er sicherlich gerührt und erzählte einem die Geschichte vom vergossenen Blut Christi, das ja genauso rot gewesen sei.

Nun fehlt allerdings noch eine Erklärung für den Osterhasen, der die Eier bringt, um sie für die Kinder auch noch phantasievoll zu verstecken. Der Hase selbst ist ebenfalls ein uraltes heidnisches Symbol für Frühling, Fruchtbarkeit und damit für das überall neu aufkeimende Leben. Als „Märzhasen" tauchten sie jedes Jahr wie aus dem Nichts in Wiesen und Feldern auf. Es waren vor allem die Rammler, die sich dann gegenseitig in einer wilden Jagd ausgelassen tummelten und den Häsinnen ihre Potenz mit übermütigen Sprüngen zeigten. Auf dieses Spektakel warteten nicht nur die Bauern, wenn der letzte Schnee schon schmolz, sondern sicher noch viel mehr die Kinder. Und alle wussten, jetzt wird's Frühling, wie jedes Jahr, wenn „dr Has' kommt". Nun braucht es kaum noch Phantasie, um die uralten Frühlingssymbole, das Ei und den sprichwörtlich fruchtbaren Hasen miteinander in Verbindung zu bringen. Nach dem Winter legten die Hühner wieder, die Hasen machten ihr Spektakel wie immer im März und ein Pfarrer, der das alles mit seinen biblischen Geschichten verband, war eigentlich gar nicht nötig: Es war für alle, vor allem für die Kinder offensichtlich, gerade wenn es auch noch der Opa glaubwürdig erzählte: Dr Has' hat wieder die Eier gebracht! Nicht ganz unerwähnt sollte dabei sein, es sind die *männlichen* Hasen, denen als übermütige Frühlingsboten die schöne Aufgabe zuteil wurde, die Eier zu „bringen". Alle Gender-Frauen mögen dabei mit Nachsicht anerkennen, dass den während der tollen

Frühlings-Rammelei eher zurückhaltenden Häsinnen nur die Aufgabe blieb, die Eier vor deren Transport in ihrem Hasenstall anzumalen. Und das bekommen sie dann ja auch immer wunderschön hin – trotz gelegentlicher Proteste von häsischen Gleichstellungsbeauftragten.

Die Symbolik unserer März-Hasen, die sich so überzeugend anbot, sollte man allerdings nicht als letzte Wahrheit nehmen, vergleicht man Osterbräuche in unseren Nachbarländern. In manchen Tälern der Schweiz bringt zum Beispiel ein Kuckuck die Eier, in Österreich zuweilen ein Hahn, in Sachsen ein Osterfuchs – was der vorher im Hühnerstall anrichtete, ist nicht überliefert –, und in Thüringen soll es der Storch gewesen sein, der ansonsten, vor allem bei den Wessis, gleich die ganzen Kinder bringt. Na ja, man sieht, man kann sich auf kein Tier so richtig verlassen, das heimlich mit fremden Eiern ankommt und diese auch noch listig versteckt.

Doch nun zu einer anderen, ganz simplen Frage, und solche sind meistens die schwierigsten: Warum heißt Ostern überhaupt Ostern? Bei unseren italienischen und französischen Nachbarn lautet der Begriff ganz anders, nämlich pasqua oder pasques. Und das lässt sich leicht erklären, es sind spätere Ableitungen des jüdischen „Pessach“. Das Fest dazu gehört zu den höchsten Feierlichkeiten der Juden und erinnert an den Auszug ihrer Vorfahren aus ägyptischer Gefangenschaft zur Zeit der Pharaonen, also an ihre politisch-kulturelle Befreiung. Diese war allerdings nur ein Teil der eigentlich auch religiös erhofften Befreiung. Diese würde nämlich nur ein „Messias“ bewirken – und hier beginnt ein Problem: Auf jenen warten die Juden bis heute, im Gegensatz zu Christen, die in Jesus ihren Messias als „Erlöser“ erkennen. Wenn nun Christen und

Juden „ihre Befreiung“ feiern, ist es ein reiner Zufall, dass ihre Gedenktage daran in die gleiche Zeit fallen und folglich eine gemeinsame Schnittstelle aufweisen: Es ist die Idee der „Befreiung“, die der Juden aus ihrer Gefangenschaft in Ägypten und die der Christen aus dem Zangengriff von Sünde, Tod und Teufel. Dass in diesem Zusammenhang den Juden vorgeworfen wurde, an der Kreuzigung des in ihren Augen „falschen Messias“ schuld zu sein, wäre in dem zu erwartenden Streit eine andere, leider unschöne Frühlingsgeschichte.

Kommen wir deshalb lieber wieder zum Problem der Namensgebung „Ostern“ zurück. Während sich einige Sprachen, wie gerade gehört, dabei am Namen des jüdischen Pessach-Festes orientieren, suchten andere Bezug zu alten heidnischen Geschichten. Germanen, Kelten oder Normannen sahen in der Ostergeschichte von Tod und Auferstehung Christi eher eine vergleichbare Parallele zu ihren Frühlingsmythen: Der Winter wird ausgetrieben, gleichsam zu Grabe getragen und die Natur erwacht zu neuem Leben. Alles so wie bei Jesus, aber auch alles so wie bei Ostara, ihrer Frühlingsgöttin. Diese ist als Eostra von dem angelsächsischen Kirchenvater Beda Venerabilis aus dem 8. Jahrhundert überliefert und gab dem Ostarum, dem damaligen Frühlingsfest, ihren Namen. Dass in deren Namen auch noch eine Erinnerung an die griechische Göttin der Morgenröte Eos steckt, darf nicht irritieren, im Gegenteil, gehören zu ihr doch ebenfalls Licht, neues Leben und Wärme.

Besonders geheimnisvoll wird dieser Ostara-Kult, betrachtet man heutige Traditionen in ehemals keltischen Landen, wie noch in Irland. Dort wird am 20. März, dem Tag der Tag- und Nachtgleiche, die Erinnerung an die Frühlingsgöttin Ostara wachgehalten, und das mit den Fruchtbarkeitssymbolen Eier und Hase! Hier haben wir sie also wieder, unsere vertrauten Geschenke zu Ostern. Und noch verrückter: Die alten Kelten versuchten in diesen Tagen ihre eigentlich meist gutmütigen Hausgeister mit kleinen Gaben, zum Beispiel mit hart gekochten Eiern, bei Laune zu halten. Die Kobolde – vergleichbar mit heute noch ganz lebendigen nordischen Trollen – wohnten angeblich in allen möglichen Ecken von Haus und Hof, wo ihre Geschenke folglich auch versteckt werden mussten. Somit hat das heute beliebte Versteckspiel mit Ostereiern unter Betten, in Schränken oder im Garten ebenfalls Wurzeln in altem Volkstum gesehen. Heute sind es unsere Kinder, denen eine Freude gemacht wird, eben unsere „kleinen Kobolde".

Eine eigentlich total unnötige Abschweifung sei hier noch erlaubt: Ein junger Mann, namens Adolf, ein Schulversager, ohne Lehre, ohne Arbeit fand in frustrierender Langeweile in einer Wiener Buchhandlung dereinst einige Schmuddelhefte mit dem okkult klingenden Namen „Ostara". Ein verschrobener Volksschullehrer mit dem schönen Namen Lanz von Liebenfels, den er sich selbst zugelegt hatte, fabulierte darin über die edle blonde Rasse der Germanen, die im Existenzkampf mit hässlichen, bösen, minderwertigen Rassen stünden. Dass diese vor allem schwarzhaarige Semiten und listige Juden mit stechenden Augen seien, erfuhr unser fast noch unschuldiger Adolf hier zum ersten Mal. So ging ihm im Wien der 20-er Jahre kein helles, dafür aber ein teuflisches Licht auf: Solche Untermenschen mussten schuld sein an allem Unglück, auch an seinem eigenen. Und als dieses Licht nicht mehr verlöschen wollte, verbrannte sich nicht nur Adolf die Finger, sondern bald die ganze Welt. Doch zur Ehrenrettung unserer Frühlingsgöttin Ostara sei betont: Sie trifft keine Schuld. Ein Adolf reichte.

Trotz alledem, mit solch schlimmen Andeutungen wollen wir unsere Abhandlung über das nachdenklich stimmende und doch so frohe Osterfest nicht beenden. Schauen wir noch einmal zurück. Der Gründonnerstag ist vorbei und damit das letzte Abendmahl von Jesus und seinen zwölf Jüngern. An diesem Tag durfte man „greinen", also noch traurig sein, denn der Karfreitag, der Tag der Kreuzigung, folgt. Das gebräuchliche „Grün" dieses Donnerstags ist also missverständlich, es weist auf das Weinen, mittelhochdeutsch und schwäbisch „greinen", hin. Erst nach Karfreitag wird's dann schnell wieder positiver: In der folgenden Osternacht, die jeder besonders fromme Priester wachend verbringen soll, darf er den ganzen Vorrat an Weihwasser für das kommende Jahr segnen und dann mit noch geröteten Augen die Morgensonne gen Osten begrüßen. In manchen Diözesen war es sogar Brauch, in der Predigt am Ostersonntag oder -montag lustige Witze einzuflechten, damit die Gemeinde wieder frohgemut wurde. Osterlachen wurde das genannt. Besonders witzig ging es im 17. Jahrhundert in manchen Kirchen im Rheinland zu, wenn der eingeladene Bischof mit dem beleibten Gemeindepfarrer vorne im Chor ein Tänzchen machte. Da blieb dann kein Auge trocken, denn man fühlte, Jesus hatte den Tod besiegt und damit irgendwie auch die eigenen Ängste vor dem Sensenmann. Und man wusste, die Himmelfahrt von Jesus Christus würde bald folgen wie dereinst vielleicht auch die eigene. Aber das alles hätte ja noch Zeit.

Walpurgisnacht

Ein Hexentanz könnte auch ganz lustig sein

Es gibt Heilige, die hätten allen Grund, sich als Missbrauchsopfer ihrer Katholischen Kirche zu fühlen, so wie Sankt Walpurga, wurde sie doch ohne jeden zwingenden Grund am 1. Mai 870 vom Papst Hadrian heiliggesprochen, und das an einem seit alters her ganz unheiligen Datum. So begingen irischen Kelten ihr „Beltane“ an diesem Tag, dem in traditionellem Bewusstsein mancherorts noch heute gedacht wird. Im Sinne eines Frühlings- und Fruchtbarkeitskultes tanzten Paare um große entzündete Feuer, versprachen sich einander und liebten sich in angrenzenden Wäldern. Der Kirche konnte das nicht gefallen und drehte so lange am unschuldigen Rad natürlicher Sinnenlust bis es bei „Sünde“ stoppte. Da nur Männer dafür sorgten, blieb vom lustigen Reigen um die Frühlingsfeuer nur dasjenige übrig, was schon immer für zweifelhafte Sinnlichkeit verantwortlich war, das weibliche Geschlecht. Aus dem heidnischen Fruchtbarkeitskult keltischer Liebeslust wurde so ein wüster, aber schaurig-frömmelnder Hexensabbat. Dazu aber später.

Die durch und durch fromme Frau war um 710 in England geboren worden und beteiligte sich als Nonne an der von irischen Mönchen in die Wege geleiteten Christianisierung deutscher Lande. Als erfolgreiche Missionarin wurde sie 761 sogar Äbtissin im Männerkloster der Benediktiner von Heidenheim auf meiner Schwäbischen Alb. Leider sind die sicher in derbem Schwäbisch („Sakra di, i glaub` i schpinn!“) geführten Diskussionen der Mönche bei ihrem Spaziergang im Kreuzgang nicht überliefert. Schade eigentlich, gerade im Hinblick auf aktuelle Auseinandersetzungen über Frauenanteile in Chefetagen, die auch nicht immer in respektablem Schweigegebot ablaufen. Walburga jedenfalls kümmerte das alles recht wenig, sorgte dann aber auch für die Gründung eines dortigen Frauenklosters, dem sie ebenfalls als Äbtissin bis zu ihrem Tode im Jahre 779 vorstand. Die Gebeine der frommen Frau wurden in den nächsten Jahren als heilwirksame Reliquien gegen alle möglichen Wehwehchen an viele Orte verteilt, wo sie bis heute ihrem Heil nachkommen.

Da ist es nun ganz rätselhaft, wie Leben und Heiligenlegende dieser vorbildlichen Äbtissin mit dem Hexenkult einer ganz bestimmten Region, mit der sie gar nichts zu tun hatte, eine feste Verbindung eingehen konnte. Gut, die Heilwirkung ihrer Reliquien soll an verschiedenen Orten auch vor bösen Geistern schützen, dabei ist aber nirgends die Rede von einem sexuell entarteten Hexentanz einer wilden „Walpurgisnacht" auf dem Brocken. Bekannt ist, dass es uralte keltisch-germanische Mythen gibt, nach denen allerorten der Frühlingsbeginn übermütig gefeiert wurde. Der alte Winter war dahin, man konnte ihn noch mit Schellengeläut, Feuerzauber und ohrenbetäubenden Rätschen höhnisch verabschieden. Alle wussten, jetzt wird es wieder Frühling und seine Fruchtbarkeit darf gefeiert werden. Diese hoffnungsfrohe Zeit durfte, noch ganz ohne katholisches Verdikt, zuweilen auch mehr als nur übermütige Formen sexueller Neckereien annehmen. Gesellschaftliche Regeln und moralische Normen des ansonsten üblichen Anstandes durften da und dort gebrochen werden. Dass sich vor allem junge Menschen auf solche Zeiten frecher Lustbarkeiten freuten, sehen wir heute noch, wenn es zum Beispiel im rheinischen Karneval zum Beginn des Frühlings überall hoch hergeht. Verständlich ist allerdings auch, dass solch lustvolles Ausleben vor allem sexueller Freiheiten nicht allen gefallen konnte. Schimpfen und Verfluchen verbanden sich wie selbstverständlich mit den weniger lustigen Geistern dieser Übergangszeit von Winter zum Frühling. Die gefürchteten Dämonen der kalten Jahreszeit wehrten sich da und dort ja noch. Ihre Gestalten hatten die schrecklichen Züge der Masken angenommen, die wir auch heute nicht nur in der alemannischen Fasnacht mit heimlichem Grauen bewundern dürfen. Bocksgesichtige Teufel und tobende Hexen bilden das ausgebrochene Geisterheer der „Anderwelt". Warnend wurde sicherlich die gezeigte Lust zügelloser sexueller Umtriebe mit solchen Unholden in Verbindung gebracht. Galten doch der Teufel mit seinen Hörnern als geiler „Bock" und die wild herumtanzenden Hexen auf ihren Besenstielen als Ausbund berauschender Triebhaftigkeit.

In der Nacht zum 1. Mai nun wurden vielerorts solche übermütigen Lustbarkeiten in moralischem Freiraum gefeiert. Mainz und Köln sehen sich bis heute als vergleichsweise „geile" Brennpunkte, wenigstens während der Faschingstage. Für den 1. Mai allerdings gibt es einen anderen hot spot, den auch Goethe schon kannte, es ist der Brocken im Harz. Nach einer örtlichen Sage, die auf heidnische Zeiten zurückgeht, versammeln sich Hexen auf dem bekannten Hexentanzplatz bei Thale, bevor sie in nächtlichem Brausen auf besonderen Gerätschaften oder passenden Tieren die tolle Luftfahrt auf den Brocken unternehmen. Besen und Mistgabeln sind dabei gut geeignet, wie auch Katzen mit ihrer sprichwörtlichen Katzenmusik. Wer schon einmal das dazu gehörige Liebesspiel eines rolligen Pärchens nächtens unter seinem Schlafzimmerfenster gehört hat, kann sich gut vorstellen, wie diese Luftfahrt musikalisch untermalt sein muss. Die Kirche brachte unsere lieben Katzen allerdings auch in völlig unbegründeten Verruf, mit dem Teufel im Bunde zu stehen, weil sie, allein vom Namen her, mit den

„Ketzern“ etwas zu tun haben mussten. Goethe dagegen ließ in seinem *Faust* die alte Hexe Baubo auf einem Mutterschwein anreisen, was ihm auch irgendwie angemessen erschien.

Nach diesem windigen Ritt der Hexen nimmt der Spaß dann eine noch üblere Wendung. Wird das übermütige Spektakel der Weiber schon mit dem Schmutz des Besens, dem Mist der Gabeln und dem Tierischen von Katze und Schwein ganz wörtlich „in den Dreck gezogen“, dann muss nun der fast nicht mehr zu überbietende Rufmord an der hier allein weiblich gemeinten Sexualität vollends seine teuflische Wendung nehmen. Die Hexen tanzen im Kreis mit dem Rücken um ein Feuer gekehrt, was noch nicht als besonders abwegig gedeutet werden mag. Dann aber bricht der Sex alle Schranken, wie sich das auch Goethe schon in der Walpurgisnacht-Szene mit Faust und Mephisto ausgemalt hat, wenn eine alte Hexe den Teufel mit den Worten zum Tanz auffordert: *„Halt er einen rechten Pfropf bereit, wenn er das große Loch nicht scheut!“* Dem Volksglauben nach müssen die Hexen nach ihrer Swinger-Party, oder was man sich darunter vorzustellen hat, dem Teufel den Hintern küssen. Das müsste trotz aller Abwegigkeit nicht so schlimm sein und dieser Blödsinn ließe sich mit einem herzhaften „Pfui Deibel“ abtun. Aber nein, diese Vorstellung wird im Mittelalter und in früher Neuzeit Tausende unschuldiger Menschen das Leben kosten. So wurden die Tempelritter vom französischen König Philipp dem Schönen in den Jahren nach 1307 in mehreren Nacht-und-Nebelaktionen mit genau diesem Vorwurf entmachtet, sie hätten bei ihrer feierlichen Aufnahme in den Orden auf den Teufel geschworen und stellvertretend dem Hochmeister den Hintern geküsst. Nach kirchlich verordneten, tatsächlich aber „teuflischen“ Folterungen durch die heilige Inquisition gestanden die meisten der angeklagten Ritter und wurden unter frommen Gesängen auf Scheiterhaufen öffentlich verbrannt und somit der ewigen Verdammnis überantwortet.

Ganz ähnliche Ängste und Vorwürfe sollte es viele Jahre später, vor allem seit dem 16. Jahrhundert geben. Eine „kleine Eiszeit“ hatte immer wieder Missernten ausgelöst und für Not gesorgt; das dauerte bis ins 18. Jahrhundert. Und man suchte Schuldige für das Wetter, das verrückt spielte, und wurde alsbald fündig fast so wie heute. Viele sehen die Sünder in den Menschen, die mit fossilen Brennstoffen die Erderwärmung anfeuern, damals wurden alle verdächtigt, die vielleicht irgendwie mit dem Teufel im Bunde stehen mussten. Könnte man diese finden und beseitigen, dann würde alles wieder besser werden, das wussten einige ganz besonders „fromme“ Brüder, vor allem solche, denen die Kirche alle Freiheiten ließ und die sich selbst schon in der Hofeinfahrt zum Garten Eden wähnten.

Verunsicherte Menschen brauchen einfache Lösungen bei großen wie kleinen Problemen, um sich zufrieden zurücklehnen zu können. Da macht das Wetter in früheren Zeiten oder das Klima heute keine Ausnahme. Wenn wir allerdings heute von einer Hexenjagd reden auf die Widerspenstigen, die weiterhin Benzin und Diesel, Heizöl und Gas verbrennen wollen, dann steht das zum Glück noch in keinem Verhältnis zu den tatsächlichen Hexenverfolgungen damals, als erst mal Juden, wie immer, Gelegenheit boten, passende Sündenböcke abzugeben. Doch dieses Mal war es anders: Nicht <u>die</u> „Teufel“ von nebenan mit der Kippa schienen schuld am nicht enden wollenden Sauwetter zu sein, nein, es musste der echte Teufel direkt aus der Bibel her, der jetzt für alles Übel verantwortlich war. Doch Teufel alleine sind eigentlich nur für das große Ganze zuständig, für den Kleinkram benötigen sie Helfershelfer. Und hier sahen die schon genannten „heiligen Brüder“ der katholischen Kirche ihre Chance. Weil nach Luthers Reformation viele vom „rechten Glauben“, wie sie meinten, abgefallen waren und noch abfallen wollten, musste dem ein Riegel vorgeschoben werden. Der Papst setzte sein schärfstes Mittel, die Heilige Inquisition, wieder in Gang mit der Aufgabe, möglichst viele Ungläubige, die natürlich mit dem Teufel im Bunde stehen mussten, ausfindig zu machen. Es wurden Richtlinien zur „peinlichen Befragung“ herausgegeben, wie zum Beispiel der berüchtigte Kehlheimer Hexenhammer, der von 1487 bis 1669 nicht weniger als 29 Mal neu gedruckt wurde. Und da konnte man lesen, wer und womöglich wie jemand mit dem Teufel im Bunde war oder gar Unzucht trieb. Etwa 100.000 Verdachtsfälle sind allein in deutschen Landen überliefert, von denen die Hälfte bei der hochnotpeinlichen Befragung im Folterkeller alles gestanden, was ihnen Priester und Klosterbrüder vorsagten. Als im wüsten Sex Verführte des Teufels hatten sie natürlich kein Recht auf ein ewiges Leben und mussten deshalb verbrannt werden, so dass Beelzebub nur noch in der nutzlosen Asche der armen Seelen frustriert herumstochern konnte. Alles in allem eine unauslöschliche Schande der alleinseligmachenden katholischen Kirche, wo jede frömmelnd hingehauchte „Entschuldigung“ wie Hohn klingen müsste. Verschämt dürften allerdings auch einige evangelische Pfarrer dieser Zeit ihr Kreuz machen, denn oft hatte die Hexenhysterie sogar vor protestantischen Gemeinden nicht haltgemacht.

Drehen wir nun das Rad wieder in Richtung unserer Walpurgisnacht zurück. Ein Hexensabbat wird auf dem Brocken im Harz in der Nacht zum 1. Mai gefeiert. Von Hexen wird erzählt, die dort wie berauscht tanzen, und das besonders heiß mit dem Teufel! Da ist es nicht mehr weit hergeholt, dass dieser volkstümliche Mythos eine direkte Verbindung finden musste zur Weltuntergangsstimmung und der zunehmenden Hexenhysterie vor allem der Jahre zwischen etwa 1500 und 1800. Die besonders hinterfotzige (sorry, hier ist das hässliche Wort leider angebracht) und böswillige Verteufelung galt seitdem ganz besonders der weiblichen Sexualität. Galt diese schon seit alters her frömmelnden und verklemmten Männern mehr als verdächtig, wurde sie nun eine lebensgefährliche Eigenschaft aller Frauen. Hatte angeblich die eine oder andere von ihnen verdächtige Buhlschaft mit dem Teufel, konnte eine kirchlich angeordnete Inquisition im wahrsten Sinne des Wortes eine „peinliche" Befragung werden. Es fing mit bösem Verruf in der Nachbarschaft an, gefolgt von schamlosen Verhören durch Priester. Gestand die verängstigte und total verständnislose Frau nicht, dann wurd's noch „peinlicher", musste sie sich doch vor den geilen Augen des Priesters und den noch geileren des örtlichen Scharfrichters nackt ausziehen. Und dann, man möchte es sich nicht vorstellen, suchten diese Typen mit ihren schmutzigen Fingern den Körper der Frau nach „verdächtigen" Malen ab, die natürlich nur ein Teufel hinterlassen haben konnte. Jedes Muttermal, jeder Leberfleck wurde zum tödlichen Beweis teuflischer Unzucht, ganz besonders dann, wenn das Corpus delicti an „delikater" Stelle gefunden wurde. Wem bis jetzt diese „Peinlichkeiten" noch nicht gereicht haben, der muss sich leider mit einer noch schlimmeren abfinden, der nun folgenden „peinlichen" Befragung, wenn unter Weihwasserwedel und hoch gehaltenem Kreuz immer noch nicht gestanden wurde. Diese „Befragung" war dann nicht anderes als schlimmste Folter unter größter „Pein", unter der jede bereit war, alles zu gestehen, was ihr von Fanatikern, die sich todsicher in ihrem Glauben wähnten, vorgesagt wurde. Der Tod auf dem Scheiterhaufen erschien dann vielen als Erlösung.

Wer einmal die Gelegenheit hat, in alten Burgen solche Folterkeller mit all den entsetzlichen Gerätschaften, die sich nur kranke Gehirne ausgedacht haben können, zu besichtigen, der möge sich den zweifelhaften Spaß machen, am besten mit der ganzen Familie. Na ja, lassen wir den damit verbundenen Horror, dem allein, man darf es nicht vergessen, mehr als 50.000 „Hexen“ zum Opfer gefallen sind. Dies kann niemand mehr wieder gutmachen, wir aber sind angemahnt, vielleicht wieder mal vernünftig und ohne Vorurteile über Kirche, Tod und Teufel nachzudenken. Und nicht zu vergessen, über Moral, Recht und Gesetz.

Kommen wir nach dieser bösen Hexengeschichte zurück in das freundliche Städtchen Thale am Fuße des Brocken, wo trotz allem bis heute der echten Walpurgisnacht in frohem Übermut gedacht werden darf. Dort haben moderne Kräuterhexen alte Rezepte zum Thema ausgegraben, nach denen sie eine Hexensalbe zusammen mixen. Die Anteile folgender todsicher wirkenden Kräutlein an der Mixtur werden natürlich geheim gehalten, zum Beispiel die Ingredienzien Mutterkorn, Tollkirsche, Stechapfel, Misteln und Bilsenkraut. Wer sich mit dieser Salbe den Hintern einreibt, erlebt von unten her ein Gefühl des Abhebens, des Fliegens, sogar ohne Besen zwischen den Beinen. Wer das Wundermittel noch frecher genießen will, reibe sich damit eher vorne ein, so erfährt man meist ganz unbekannte Gefühle eines erotischen Rausches, und das wie auf einem nicht enden wollenden wilden Flug. Auf unseren Frühlingsfesten geben sich junge Leute oft ganz ähnlichen

Flugerlebnissen hin und genießen dabei laut juchzend das prickelnde Gefühl unbändiger Lust – wenigstens für ein paar Minuten. Die Kräuterhexen von Thale garantieren dagegen eine viel länger andauernde Wirkung ihrer Wundersalbe, natürlich nur, wenn sie richtig angewendet wird. Dort weiß man nämlich, dass bei den Hexen in der Walpurgisnacht dieses Fliegen orgiastische Zustände auslöste, so dass es vom Gipfel des Brocken zum Gipfel teuflisch-schöner Lust überhaupt nicht weit gewesen sein konnte. Na ja, der Verkauf der Rauschsalbe ist trotz heftiger Proteste leider vom Staat und Vatikan verboten worden mit dem Hinweis, sie sei von bekannt „teuflischen“ Rauschgiften kaum zu unterscheiden. Und da hätte zumindest der Vatikan auch mal recht.

Unserer heiligen Walburga nützt das alles nix mehr, sie kannte weder die Geheimnisse der Salbenmixtur noch den Hexentanzplatz bei Thale und von einem Flug auf den Gipfel der Lust, beziehungsweise des Brocken, hatte sie als Äbtissin in Heidenheim nun wirklich keine Ahnung. Das einzige, was die fromme Frau mit den fremden und weit abgelegenen Lustbarkeiten während der dortigen Walpurgisnacht verband, war das Datum ihrer Heiligsprechung an einem 1. Mai. Soll sich dafür doch der Papst für den ganzen Unfug, mit dem unsere Walburga namentlich verbunden bleibt, bei ihr entschuldigen. Der Vatikan allein ist schuld, weil er die fromme Frau in Unkenntnis der uralten Bedeutung des 1. Mai nicht nur mit *vermeintlich* göttlichem Heil, sondern auch mit *vermeintlich* teuflischem Sex in einen ganz und gar unheiligen Zusammenhang gebracht hat. Es war halt alles nur blöder Zufall.

Himmelfahrt

Mit Himmelsleiter und Leiterwägelchen

Nur diejenigen, die außerordentlich tüchtig und fromm waren, durften nach ihrem Tod in ihren Himmel auffahren, die anderen mussten unten bleiben und dem Wunder oder Spektakel, wie immer sie es auch verstanden, zusehen und allenfalls hoffen, dereinst in Gehorsam und Treue ihrem Herrn folgen zu dürfen. Als Symbole waren dabei oft geflügelte Wesen hilfreich, bei den Mayas war es die gefiederte Schlange, bei den alten Ägyptern der Horus-Falke und bei den Gläubigen von Bibel und Koran geschlechtsneutrale Engel. Und wenn in der Malerei entsprechende Abbildungen angefertigt wurden, fehlten selten bunte Vögel, um die ansonsten irdische Szenerie ins Überirdische zu erhöhen.

Aufschlussreich erscheint in diesem Zusammenhang vor allem die altägyptische Pharaonenzeit vor etwa 4500 Jahren, als der Pyramidenkult anfing. Die unglaubliche Kraftanstrengung, solche Grabmäler zu bauen, hatte nur einen Zweck, dem Pharao nach seinem Tod den Aufstieg zu den Göttern zu ermöglichen. Eine der ersten Pyramiden, die Stufenpyramide von Sakkara, könnte man so gesehen getrost als „Himmelstreppe“ für den Gott-König bezeichnen. Etwas despektierlich nennen einige diese überdimensionierten Grabmäler auch „Seelenabschuss-Rampen“. Nicht ganz unähnlich in ihrem Zweck können unsere Kirchen angesehen werden mit ihren oft extrem hohen Türmen; galt doch zum Beispiel der gotische Turm des Straßburger Münsters lange als höchstes Gebäude der Welt.

Doch zurück an den Nil: Wenn viele Ägypter im festen Glauben an die Auferstehung ihrer Pharaonen am Bau der Pyramiden mehr oder weniger direkt beteiligt waren, galt das wohl auch als persönliche Chance für einen ebenfalls himmlischen Aufstieg nach dem Tode. Und gerade in jener Heilsgewissheit liegt eine nachvollziehbare Erklärung für die unendlichen Mühen des ägyptischen Volkes, das sich meist widerstandslos und in bester Absicht der Bauwut ihrer Pharaonen hingab. Diesen Vorgang, geleitet von einem überzeugend vermittelten Glauben an ein Leben im Jenseits durch machtvolle Priester, darf man getrost als konstitutiv und grundsätzlich für alle großen Kulturleistungen religiöser Art verstehen, von der Megalithkultur der Jungsteinzeit bis zum Bau von Kirchen und Moscheen heute. Und immer nach dem Motto: „Jeder Stein ein Gebet."

Mit dem Glauben an ein Jenseits, an eine fürsorgliche Gottheit, die unter anderem auch eine Himmelfahrt in das Reich der Seligen verspricht, gleichsam als Sieg über den Tod, lassen und ließen sich Berge versetzen. Ein geschundener Körper, die Ägypter nannten ihn KA, schien bei all den Plagen hierfür ein Nichts, galt doch vor allem das BA, die Seele, die in den Himmel aufsteigen würde. Besonders gut waren leider nur die dran, die auch ihren Körper für die Ewigkeit einbalsamieren und bewahren konnten, um mit diesem im Jenseits dann noch einmal alles genießen zu können.

Von den alten Ägyptern ist es zur biblischen Erzählung der Himmelfahrt Christi nicht allzu weit, beeinflussten sich doch alle antiken Regionen um das östliche Mittelmeer als engmaschiger Kulturraum gegenseitig mit ähnlichen Mythen und Erzählungen. So konnten sich die Juden erst aus der Gefangenschaft in Ägypten befreien, als ihr Gott Jahwe den Pharao mit zehn schrecklichen Plagen in die Knie gezwungen hatte, damit sie in ihr gelobtes Land ziehen durften. Dabei liegt es auf der Hand, dass sie von der zentralen Lehre der Ägypter von Tod, Auferstehung und Fahrt ins Jenseits selbst tief beeindruckt waren. Ihre Gottesvorstellung war allerdings weniger konkret, ebenso wie die der Überwindung des Todes durch Mumifizierung des Körpers. Sie betonten eher das Geistige, wie es in den belehrenden Geschichten des Alten Testaments voll von Symbolik zum Ausdruck gebracht wird. Und da wird zum Beispiel vielfach ebenfalls von einer „Himmelfahrt" von vorbildlich im Glauben Erhabenen erzählt. Der fromme Henoch wird entrückt und der Prophet Elias darf im feurigen Wagen gen Himmel fahren, gefolgt von seinem Kollegen Jesaja. Auch den antiken Griechen war die Entrückung zu den Göttern nicht unbekannt. Iphigenie entgeht so dem schrecklichen Opfertod durch ihren Vater, der günstige Winde für seine Flotte braucht. Herakles dagegen wird mit einer Himmelfahrt zu den Göttern auf den Olymp belohnt, nachdem er seine eigentlich unlösbaren zwölf Aufgaben mit Bravour erledigt hatte. Und schließlich lassen die frühen Römer ihren Romulus, den Gründer ihrer Stadt, zu seinen Vätern im Jenseits gehen, obwohl er als Mörder seines Bruders wohl eher in den Orkus gehört hätte, aber die Stadtgründung zählte halt mehr.

Nun aber wirklich zurück zu Juden und Christen: 40 Tage nach der Auferstehung von den Toten durfte Jesus leiblich in den Himmel fahren, wo er u. a. nach Berichten der Evangelisten *„zur Rechten Gottes sitzt, zu richten die Lebendigen und die Toten"*. Diese 40 Tage hatte der Wiederauferstandene hauptsächlich mit seinen Jüngern verbracht, ein mythischer Zeitraum, erinnert er doch vor allem an die 40 Tage, die Jesus in der Wüste verbrachte, um dort der Versuchung durch den Teufel zu widerstehen. Was Jesus während der Zeit als Wiederauferstandener seinen Jüngern mit auf ihren weiteren Lebensweg mitgegeben hat, ist nur in Ansätzen bekannt. Seine Erhebung in den Himmel geschah auch für die Weggefährten ganz überraschend, wenn zum Beispiel Lukas in 24,50-51 schreibt: Die Himmelfahrt Christi fand vierzig Tage nach seiner Auferstehung statt. Er nahm seine Jünger *„bis nach Bethanien . . . hinaus"*, welches am Osthang des Ölberges liegt, *„und hob seine Hände auf und segnete sie"*. Während er das tat, wurde er *„hinaufgetragen in den Himmel"*. Die Christen feiern diese Himmelfahrt am 40. Tage nach Ostersonntag, es ist dann immer der Donnerstag nach dem 5. Sonntag nach Ostern.

Bemerkenswert ist, dass im Koran Sure 4,157 die Geschichte etwas anders erzählt wird. Isa Ben Marya (Jesus der Sohn Marias) sei nicht getötet worden, wurde aber trotzdem von Gott zu sich erhoben. Mohammed selbst sei durch Allah während einer Nacht von Mekka nach Jerusalem entrückt worden, wo er zusammen mit Abraham, Mose und Jesus betete. Dort sei er anschließend zum Himmel aufgestiegen. Der Ort war die „ferne Kultstätte“, wie es in Sure 17,1 heißt, von der heute einige Muslime glauben, es sei der Felsen auf dem Tempelberg, auf dem einst Abraham seinen Sohn Isaak bzw. Ismail hätte opfern sollen. Andere glauben, der Prophet sei in Mekka vom Dach der Kaaba von Allah zu sich erhoben worden. In diese religiöse Diskussion muslimischer Gelehrter will ich mich aber nicht einmischen, nur so viel: Der Tempelberg in Jerusalem gilt somit nicht nur Juden und Christen als ein besonders heiliger Ort, sondern auch den Muslimen, wenn diese in ihrer al-Aqsa Moschee den Ort sehen, wo Mohammed mit seinem Pferd Buraq in den Himmel ritt. Nach dieser Überlieferung wird dort sogar ein Abdruck des Pferdehufes gezeigt. Das wäre alles gut und schön, wenn sich zwischen den heiligen Stätten al-Aqsa Moschee, Felsendom, Grabeskirche und Tempelmauer nicht regelmäßig religiöse Eiferer aller drei „Bruderschaften" in die Haare bekämen – um es vorsichtig auszudrücken.

In unserer heute eher profanen und weniger religiösen Welt hat sich das Fest der Himmelfahrt Christi sehr gewandelt, ist es doch weitverbreitet zum „Vatertagsbesäufnis" ganz irdischer Freuden abgesunken. Doch ganz losgelöst von religiösen Traditionen ist auch dieser Tag nicht, wenn Väter, und meist nicht nur diese, mit Leiterwägelchen oder zweckentfremdetem Buggy, beladen mit einer Kiste Bier, über die Felder ziehen, um einen einladenden Grillplatz zu suchen. Ein fröhliches Lied auf den Lippen sorgt allenthalben für gute Stimmung. Es darf auch derb sein und nie fromm, aber immer lustig. Völlig vergessen sind dann Traditionen dieses geselligen Übermuts, die weit zurück liegen. Viele Jahrhunderte lang bestimmte nämlich der Pfarrer in bäuerlichen Regionen, was an diesem Tage lustig sein durfte. Nach einer noch ganz ernsthaften Bittprozession der Bauern über ihre Felder für eine gute Ernte durfte endlich auch mal gefeiert werden. Und das so, wie eigentlich immer, ohne Weibsleut und Kinder. Da floss das Bier leichter und der Rausch durfte eine rein männliche Lustbarkeit sein. Wir sehen, bis auf die in der Zwischenzeit ganz aus der Mode gekommenen Bittprozession, hat sich bei unserem heutigen Vatertag wenig geändert. Wie das allerdings weitergehen soll, wenn zunehmend unheilige Frauenrechtlerinnen und übereifrige Gleichstellungsbeauftragte in das profane Himmelfahrtsgeschehen berauschter Väter eingreifen, bleibt abzuwarten. Mit Sicherheit aber wird es weniger lustig werden. Na ja, wir werden sehen.

Höllenfahrt –
doch wer glaubt schon an Hölle, Tod und Teufel?

Wenn es eine Himmelfahrt gibt, dann muss es, schon aus Gründen des Gleichgewichts, auch eine Höllenfahrt geben. Vom am Kreuz hängenden Jesus ausgehend ist eine Verbindung von beiden Fahrten leicht herzustellen, prophezeit dieser doch seinen beiden mitgekreuzigten Schächern ihr weiteres Schicksal. Dem einen, der in Jesus nicht den Sohn Gottes erkennen will, wird nach seinem Tode die Hölle vorausgesagt, während dem anderen in seiner Hinwendung zu Jesus versprochen wird, mit diesem „heute noch" im Paradies zu sein. Das scheint alles ganz eindeutig, erkennt doch jeder Gläubige, was richtig und falsch, was gut und böse ist und wo es auch für ihn dereinst Rettung geben kann oder ewige Verdammnis droht. Aber Achtung, so einfach ist das alles bei genauerem Hinsehen doch nicht, nicht einmal für das papistische Rom und die allein selig machende katholische Kirche.

Fangen wir erst mal bei Jesus selbst an. Nach seinem Tode ist er angeblich „am dritten Tage auferstanden", das heißt, dass wir nicht genau wissen, was am zweiten Tage geschehen ist. Entsprechende Bibelstellen bleiben diesbezüglich recht vage oder sind gar widersprüchlich. Ein grundsätzliches Problem dabei sollte man immer berücksichtigen: Es sind die wörtlichen oder nur sinngemäßen Übersetzungen aus dem Hebräischen, Griechischen oder Lateinischen vergleichbarer Bibelzitate, die keineswegs immer übereinstimmen. Mit diesem Problem der Exegese müssen sich Theologen herumschlagen. Zum Beispiel heißt es nach gängigem Glaubensbekenntnis lediglich, Jesus sei nach seinem Tode *„hinabgefahren zur Hölle"*. In 1. Petrus 3,19 wird das ergänzt, er habe dort den *„Geistern* *gepredigt"*. Auch von einer *„Glut im Gefängnis"* ist die Rede. Alles sehr rätselhaft, bedenkt man zudem, was man unter dem Begriff der „Hölle" verstehen und damit verbinden kann: In der Offenbarung heißt das Reich der Toten zum Beispiel Hades, so wie es auch die alten Griechen nannten. Dieser Hades sei mit einer unüberwindlichen Grenze von einem *„feurigen Pfuhl"* abgegrenzt und damit ein Gefängnis für endgültig Verdammte. Jesus, den man nach seinem Tode in seiner geistigen Erhöhung nun Christus nennen darf, predigt wohl nicht denen, sondern *„verkündet die gute Nachricht"* (1. Petrus 4,6) den nicht ganz hoffnungslosen Fällen. Diese hatten schon die ganze Zeit seit ihrem Tode absitzen müssen, nur eben „auf Bewährung". Jesus nimmt sie mit ins Paradies (Epheser 4,8). In Hebräer 2,14 wird zudem erzählt, dass Christus bei alledem nicht nur den Tod besiegt habe, sondern auch den „Teufel". Und hier nun kommt ganz wesentlich dieser bedrohliche Unhold mit ins Spiel, der nach dem Tode von Jesus nicht unbedingt hätte dabei sein müssen.

Theologen dürfen in frommer Ernsthaftigkeit diskutieren, wie man Begriffe und Vorstellungen von Tod, Fegefeuer und ewiger Verdammnis verstehen kann, ebenso von Erlösung, Himmelfahrt und Paradies. Und wenn wir uns überhaupt unsicher sind über die weitere Existenz von Leib und Seele nach unserem Tode, mag das ebenfalls noch Gegenstand einer theologischen Erörterung sein. Bedrohlich wird es allerdings, wenn bei alledem ein „christlicher Teufel" seine Krallen im Spiel hat. Rein formal gesehen ist solch eine „böse" Figur leider sinnvoll, gibt es doch auf der anderen Seite einen angeblich „lieben" Gott. Fast alle Religionen und alten Mythen leben von diesem Dualismus guter und böser Geister oder gnädiger Götter. Das ist leicht verständlich, entspricht diese dialektische Betrachtungsweise doch ganz unseren Beobachtungen von Naturereignissen. Blitz und Donner lösen Angst aus, wärmende Sonne und ein Frühlingslüftchen Lebensfreude. Reiche Ernte bedeutet Segen, Missernten, einen Fluch oder heute gesund und morgen krank. So ist es für verängstigte Menschen einfach, Ursachen dafür in einem unsichtbaren Widerstreit höherer Mächte zu sehen. Und da liegt eine wesentliche Erklärung für alle Religionen, wenn verkündet wird: Fürchte alle Götter, Geister und Dämonen, zeige deine Verehrung und Unterwürfigkeit, versöhne sie mit dir und besänftige ihren Zorn. Zeigen sich diese allerdings nicht einsichtig und gnädig, dann müssen rituelle Opfer helfen. Rauchopfer, Tieropfer, Menschenopfer, begleitet von Gebeten, heiligen Gesängen oder extatischen Tänzen. Und hilft das alles nichts, dann mussten schon viele Kulturen, wie im alten Mittelamerika belegt, erkennen, dass sie auf die falschen Götter gesetzt hatten, so dass sie ihre alten Tempel und Heiligenbilder zerstörten. Wenn dabei so mancher Bedrängte auf den ganz ketzerischen Gedanken gekommen sein mag, dass überhaupt alle hoffnungsvollen Gottesvorstellungen, Heiligenlegenden und Bilder von Gottheiten und schrecklichen Teufeln nichts anderes sind als letztlich naive Versuche verängstigter Menschlein, ihre unbegreifliche Welt begreiflich zu machen, sollte das verzeihlich sein – auch angesichts ganz strenger Götter.

Besonders problematisch ist dieses zeitlose Menschheitsdrama in Sachen Religion, wenn es einer kleinen Gruppe „Eingeweihter“ gelingt, alle anderen davon zu überzeugen, dass nur sie als von den Geistern oder Göttern Auserwählte einen direkten Draht zu diesen besitzen. Den anderen, den Ängstlichen und Kleinmütigen, wird dabei eingeredet, ohne sie verloren zu sein. So wird der Glaube an Gottheiten nun auch zum

Glauben an machtvolle Priester. Und damit der dann allgemein verbindliche Glaube mit dem dahinterstehenden stabilisierenden System göttlicher Beamter möglichst wenig hinterfragt wird, reichen nicht nur „liebe“ Götter aus, sondern es werden vor allem drohende und besonders „böse“ Teufel notwendig. Das zieht, das überzeugt, das macht Angst und das nützt jeder Priesterschaft mit ihrem Alleinvertretungsanspruch, nur sie verfüge über die Geheimnisse, Götter zu besänftigen und Teufel auszutricksen. Wir kennen das von praktizierten christlichen Riten: Kreuze und Weihwasser helfen immer, Licht von geweihten Kerzen gelegentlich und Heiligenbilder im Herrgottswinkel bei alltäglichen Kümmernissen. Dabei nicht zu vergessen der freudlose Fluch auf verkniffenen Lippen gegen jede „teuflische“ Sinnenlust. Wenn dann ein armer Sünder immer noch nicht errettet scheint, kann als ultimo Ratio in einem Exorzismus versucht werden, auch den hartnäckigsten Teufel auszutreiben. Dieses Ritual dürfen allerdings nur besonders heilige Priester praktizieren. Das alles, und noch viel mehr, kann vor allen und allem Bösen retten – oder auch nicht.

Aber nicht nur Katholiken haben Angst vor dem Beelzebub. Sogar Martin Luther setzte noch als tapferer Reformator auf ein todsicheres Mittel, als er den Teufel erfolgreich vertrieb, der ihn auf der Wartburg beim Übersetzen der Bibel stören wollte. Er warf mit seinem Tintenfass nach dem Leibhaftigen. Wer es nicht glauben will, kann den Tintenfleck als Ergebnis der mutigen Tat noch immer sehen. Dass die Tinte an der Wand jedes Jahr erneuert werden muss, macht nix, garantiert die Prozedur doch bis heute, dass sich dort seitdem kein Teufel mehr hat sehen lassen.

Bildwerke, die eindringlich zeigen, wie der Teufel und seine Kumpanen aussahen und wozu sie bei ihren phantasievollen Quälerei fähig sein konnten, ließen sich die besorgten Oberhirten viel kosten, um ihre verschüchterten Schafe, die meist noch nicht des Lesens kundig waren, mit allen erdenklichen Einzelheiten feuriger Marter zu ängstigen. Die besten Künstler ihrer Zeit wurden beauftragt, über Eingangsportalen von Kirchen oder auf Altartafeln schlimmste Schreckensbilder anzufertigen, die keinen Zweifel darüber aufkommen ließen, wie eine Höllenfahrt nach dem Tode aussehen wird. Und dabei wurde allen Verängstigten deutlich, wo allein Rettung gesucht werden kann. Wer allerdings ohne verordneten Segen seinen endgültigen Abschied nahm, der wusste, der Weg in das ewige Höllenfeuer ist unumkehrbar. Das war und ist zuweilen noch die größte Furcht gläubiger Christen.

Überhaupt, mit Angst lässt sich vieles erkaufen: Politische Macht, Marktanteile von Medikamenten oder religiöse Absolutheitsansprüche einer rigorosen Priesterschaft. Und alle benötigen dazu ihre „Teufel". Wenn nun Tod und Teufel diese bedrohliche Kumpanei eingehen, kann jede Religion dieser Welt die Menschen an ihrem schwächsten Punkt packen, nämlich ihre Angst vor Tod und ewiger Verdammnis. Alle Priester, ob von den Azteken zu den Mayas, von den Ägyptern zu den Juden, von den Christen zu den Moslems, sehen und sahen hier ihre Chance: Sie „wissen" als himmlisch Eingeweihte, wie das Sterben abläuft, sie „kennen" die göttlichen Prophezeiungen und, vor allem, sie besitzen die „Werkzeuge", um ihre Schäfchen vor ewigem Tod und quälenden Teufeln zu schützen. Diese müssen ihnen nur blind vertrauen und ihren Vorgaben Folge leisten: Beugt eure Knie, tut Buße und spendet das letzte Hemd, wenn es denn sein muss. Ihr dürft als Lohn dann die riesigen Steinkreise, Pyramiden unvorstellbaren Ausmaßes, Tempel prächtigster Schönheit, Kirchen und Moscheen bauen. Unser Segen wird euch alle Ängste vor Tod und Teufel nehmen. Und somit gilt: „Selig sind die Gläubigen".

Man könnte sich dabei allerdings auch etwas ketzerisch noch die Frage stellen, was mit all den anderen geschieht, die sich nicht zu diesen Seligen zählen dürfen. Wohin in aller Welt mit ihnen, mit den auf ewig Verdammten, aber auch mit allen schuldlosen Heiden, mit den Ungetauften oder gar mit allen ungläubigen, aber ansonsten kreuzbraven Humanisten? Na ja, wir wissen, in Sachen Religion ist nie alles erklärbar. Also – fragt nicht zu viel, sondern übt euch in respektvollem Schweigen, seid demütig und folgt euern Priestern in blindem Vertrauen. So werdet wenigstens ihr dereinst vor Tod und Hölle gerettet werden. Und alle Teufel haben das Nachsehen. Halleluja.

Hier sind wir nun nach dem Umweg über die Himmelfahrt bei den christlichen Feiertagen Allerheiligen und Allerseelen angelangt, stehen sie doch in unmittelbarem Zusammenhang mit der Totenwelt. Am 1. November begehen die Katholiken ihr Allerheiligen und denken an „alle Heiligen" ihrer Kirche. Da es heute über 5000 vom Papst anerkannte oder ernannte Heilige gibt, ist ein Gedenken an einzelne kaum möglich. Dafür werden sie vor allem einen Tag später, an Allerseelen, als besonders geeignete Anwälte der Fürbitte vor Gott und dem zu seiner Seite richtenden Christus angerufen: Die Seelen der verstorbenen Angehörigen mögen doch alsbald aus der Hölle befreit werden, um als Gesühnte und nun von allen Sünden Gereinigte in den Himmel aufzufahren. Ob sie dabei vorher als anständige Leute im eher neutralen Limbus, einer Art Warteschleife, ausharrten oder sich im Purgatorium, wohl einem ewigen Quell von Weihwasser, reinigten durften, oder ob sie als schwere bis mittelschwere Sünder im Fegefeuer braten mussten, kann man nicht so genau ausmachen. Eine Ausnahme dürfte hier allerdings Papst Benedikt XII. gespielt haben, der im Jahre des Herrn 1336 über die drei genannten Abteilungen der Hölle von seinem Chef informiert und „mit apostolischer Vollmacht“ ausgestattet worden war, dies als Wahrheit und als „immerwährende“ Lehrmeinung zu verkünden. Alle späteren Heiligen Väter haben das bis heute nicht infrage gestellt. So weiß man doch, was einen nach dem Tode erwartet, wenigstens ungefähr.

Die Evangelischen begehen ihren Totensonntag etwa drei Wochen später, weil man zu den Katholiken, trotz aller religiösen Gemeinsamkeiten, keine zu große Nähe dulden möchte. Als Protestanten benötigen sie keine Fürbitte Heiliger, sie wenden sich direkt an die göttliche Dreieinigkeit. Wenn sie dann mit Blumen vor den Gräbern ihrer Verstorbenen stehen, reicht ihnen meist ein stilles Gebet. Mit konkreten Ängsten vor Hölle, Teufel und vielleicht verpasster Himmelfahrt ihrer Heimgegangenen belasten sie sich weniger. Sie vertrauen einfach mehr auf ihren „lieben Heiland“. Der wird's schon richten.

Zum Abschluss spannen wir noch einen Bogen von diesen Gedenktagen des Todes zu einem scheinbar heute ganz lustigen Treiben, das vor allem Kindern vorbehalten ist, es ist Halloween. Am 31. Oktober dürfen sie ausgehöhlte Kürbisse als Masken mit einer brennenden Kerze darin vor die Haustür stellen und nach einbrechender Dunkelheit mit Laternen, oft auch ganz gruseligen, an den Türen ihrer Nachbarn klingeln und mit ihrem Sprüchlein *„Süßes oder Saures“* um Schokolade oder auch kleine Geldspenden bitten. Sollten hartherzige oder auch nur vom nicht enden wollenden Treiben genervte Leute diesen Bitten nicht nachkommen, drohe eben „Saures“. Was das bedeuten kann, weiß man nicht, vielleicht eine mit Senf verschmierte Türklinke oder das mit Klopapier eingewickelte Auto kann es dann schon mal sein. – Aber was soll dieser ganze Unsinn, der auch noch aus Amerika stammt?

Bei genauerem Hinsehen sind schon Datum und Name verräterisch, ist doch der 31. Oktober der Abend vor „Allerheiligen“. Ähnlich wie dem „Heiligabend“ vor dem eigentlichen Christfest eine besondere Bedeutung zukommt, ist es hier eine freudige, aber auch gruselige Vorbereitung auf den kommenden heiligen Tag. Direkt abzulesen ist das an dem eigenartigen Namen, wenn man ihn sprachgeschichtlich auseinandernimmt: *„All Hallows‘ Eve“* nennen ihn die Iren, also „aller Heiligen Abend“.

Der oberflächliche Zusammenhang wäre geklärt, aber wo liegen die tieferen Wurzeln des schaurig-schönen Treibens? Bei den alten Kelten, die in Irland am Rande Europas viele ihrer Traditionen lange bewahren konnten, wurde Halloween als „Samhain“ gefeiert, einen bis heute von den Iren hoch geschätzter Feiertag. Es war der Tag der Jahreswende von Herbst auf Winter, an dem, wie in vielen Kulturen, Geister und Dämonen aus ihrer Unterwelt ausbrachen. Konnte man sich über eine gute Ernte freuen, waren Dankopfer für alle guten Geister selbstverständlich, wenn nicht, mussten es Bittopfer sein mit bestimmten Ritualen, auch um Ängste vor dem kommenden Winter mit dem immer drohenden Hunger ausdrücken zu dürfen. Und hier kommen sie wieder ins Spiel, unsere Angst verbreitenden Dämonen. Mit Maskeraden versucht man die Unholde abzuschrecken und sich selbst die Angst vor ihnen zu nehmen, ganz so wie noch im Treiben der alemannischen Fastnacht oder der „untoten“ Perchten aus der Anderwelt, wie an anderer Stelle schon beschrieben. Erst wenn diese Geister aus ihrer Welt der Toten am nächsten Tag, an „Allerheiligen“, erlöst sein werden, dann ist der Spuk vorbei. Kinder dürfen also an ihrem Halloween um ein süßes Opfer, eine Art Lösegeld für arme Seelen, betteln, Jugendliche neuerdings in schrecklich schöner Verkleidung als weiß geschminkte Wiedergänger Partys feiern und allerorten dürfen Feuer und Kerzen brennen als Symbole für Reinigung, Wärme und das von uns so sehr erhoffte ewige Leben. Und wenn sich Volkstum, Mythos und Religion dabei so einig zeigen, wie hier bei den Vorstellungen von Hölle, Tod und Teufel, dann sollte das ja irgendwie auch klappen. Zum Teufel auch!

Pfingsten

Auch einen Heiligen Geist darf man nicht für alles verantwortlich machen

Ausgießen des heiligen Geistes. Julius Schnorr von Carolsfeld

Ein Pfingstwunder würde Kirchengemeinden in der heutigen säkular geprägten Welt ganz guttun, verlieren sie doch seit Jahren an Mitgliedern. Gründe dafür gibt es zahlreiche, wie oberflächliche Bequemlichkeit, das Einsparen der Kirchensteuer oder die seit Jahren kursierenden Gerüchte über schändlichen Kindesmissbrauch durch gewissenlose Priester mit einer Kirche, die das alles lange nicht wahrhaben wollte. Einen tieferen Grund sehe ich allerdings – und da wären wir mitten im biblischen Pfingstwunder – in der heute zunehmend empfundenen Abwesenheit des Heiligen Geistes, so dass dieser von vielen überhaupt nicht mehr vermisst wird. Und gerade um den dreht sich an diesen hohen christlichen Feiertagen alles. Das wissen bloß die allermeisten Christen, die es tatsächlich nur noch dem Namen nach sind, nicht mehr - und was man nicht kennt, kann man auch nicht vermissen. Auch deswegen spielt das Pfingstfest, das wie Weihnachten und Ostern einen zusätzlichen Feiertag erhalten hat, im Bewusstsein vieler nur noch eine drittklassige Rolle. Viel wichtiger gelten heute die Feiertage als beliebte Ferien- und Urlaubszeit. Trotzdem erscheint es mir schade, wenn man am Badestrand liegend, in den Bergen wandernd oder an der Bar eines Traumschiffes nölend überhaupt nichts weiß von den ursprünglich so heiligen Tagen unserer christlichen Kultur, auch wenn diese zuweilen schon kurz vor der letzten Ölung daherzukommen scheint. Wollen wir also trotzdem oder gerade deshalb ein wenig die Hintergründe beleuchten.

Über das eigentliche Pfingstwunder erzählt uns die Bibel. In der Apostelgeschichte wird berichtet, dass 50 Tage nach Ostern und am 10. Tag nach Himmelfahrt *„ein Wind“* über die noch versammelten Jünger Jesu ging, die bis dahin nicht so recht wussten, was sie nun nach dem Entschwinden ihres Messias eigentlich machen sollten. Dann sollen Flämmchen als Zeichen des Heiligen Geistes auf ihren Köpfen erschienen sein, der in diesem Zeichen Besitz von den Jüngern ergriffen hatte. Kein Maler späterer Zeiten, der dieses Mysterium bildlich darstellen wollte, wird auf dieses Flammensymbol verzichten. Nach dieser Erscheinung des Heiligen Geistes *„lösten“* sich die Zungen der Erleuchteten und sie konnten *„in allen Sprachen der Welt reden“*. Ein echtes Fremdsprachenwunder also, heute nicht ganz unähnlich den wunderbaren Übersetzungs-Apps unserer Smartphones. Allerdings sah sich der himmlische Programmierer weniger als Sprachgenie, sondern er hatte einen ganz konkreten Hintergedanken: Die wie von einem göttlichen Virus befallenen Jünger würden stellvertretend für einen himmlischen Auftrag stehen. Sie dürfen jetzt alle als „Apostel" gelten, was griechisch „Sendbote" heißt. Auch spätere „vom Geist Erfüllte" sollten sich dann als Missionare in die Welt aufmachen, um den Menschen die christlich „frohe Botschaft" zu verkünden – und dabei waren natürlich Fremdsprachenkenntnisse immer gut. Wenn der Missionsauftrag zur Zufriedenheit des Chefs ausgeführt worden war und Heiden in der Aura des waltenden Geistes sich nichts sehnlicher wünschten, als getauft zu werden, dann, so die fromme Vorstellung, wären auch diese für immer vom Heiligen Geist erfüllt. Das Pfingstwunder, das ursprünglich nur den Jüngern zuteil wurde, kann sich in diesem Sinne immer wieder offenbaren, wenn vom Geiste berührte Menschen im gemeinsamen Glauben zusammenfinden und somit fromme Gemeinschaften, also wahre „Gemeinden" bilden. Hier liegt folglich die eigentliche Geburtsstunde der Kirche, wenn auch noch ohne eindrucksvolle Gebäude und eine dominante Priesterschaft. Das wird sich erst im Laufe der Zeit mit wachsender Bedeutung herausbilden. Auf alle Fälle aber ist erst einmal das Wesentliche von Pfingsten erfüllt. Die Tage der frohen Botschaft von Ostern haben damit ihr sinnvolles Ende gefunden. Da dieser Zeitraum genau 50 Tage andauert, ist auch der Name „Pfingsten" zu erklären, lautet doch im Griechischen der Begriff „der fünfzigste Tag" so.

Die zwölf Apostel (einer war für Judas, der sich das Leben genommen hatte, hinzugekommen) machten sich alsbald auf, um in aller Welt selbst Zeugnis abzulegen über die Botschaft von Jesus Christus. Heiligenlegenden bildeten sich um sie und erzählen oft phantastisch und auch nicht ohne Widersprüche von Wundertaten auf ihren Missionswegen. Petrus kam nach Rom, wo sein Grab unter einem kunstvollen Seitenaltar des Petersdomes liegt, dem er seinen Namen gab. Auch die Gebeine von Paulus sollen dort in einer Gruft ruhen. Markus machte erst einmal einen Umweg über Ägypten, wo er als Begründer der koptischen Kirche gilt. Dann führte ihn sein Weg nach Venedig. Wer heute auf dem schönen Markusplatz seinen Kaffee trinkt, kann das angesichts des Markuslöwen tun, der als Symbol des Heiligen das Wappentier der Venezianer wurde. Jakobus kam nach seinem Märtyrertod kopflos in Spanien an, und das ganz mysteriös auf einem Geisterschiff ohne Besatzung. An dem Fundort in Santiago de Compostela, wo der Kahn angelandet war, wurde er begraben. Dort passierten bald wundersame Dinge, vor allem Krankenheilungen. Nachdem über seinem Grab eine kleine, dann eine große Kathedrale erbaut worden war, weil der Strom von Pilgern nicht abreißen wollte, wurden „Jakobswege" dorthin ein regelrechter Selbstfindungstrip in ganz Europa, und das erstaunlicherweise bis heute für viele junge Menschen. Als Erkennungszeichen führen sie einen kräftigen Wanderstab mit sich und tragen eine Jakobsmuschel am Gürtel. Der ungläubige Thomas hatte den weitesten Weg, er kam bis Indien. Alle Jünger sind echte Märtyrer, denn sie wurden während ihrer Mission im Dienste des Heiligen Geistes ermordet - bis auf Johannes, den Lieblingsjünger von Jesus, der angeblich in Ägypten seinem heiligen Auftrag unbehelligt nachkommen konnte. Aber auch das ist nicht sicher, denn mittelalterliche Abbildungen zeigen Johannes zuweilen in einem Kessel sitzend, wie er mit siedendem Öl übergossen wird.

Der Missionsauftrag, der sich mit der Ausschüttung des Heiligen Geistes auf die Jünger ergab, ist einzigartig im Vergleich mit anderen Weltreligionen. Das Judentum breitet sich gleichsam genetisch aus, denn alle Kinder einer jüdischen Mutter gelten als Juden. Dass dieses Vorrecht den Vätern nicht zugestanden wurde, hängt wohl davon ab, dass Vaterschaften erfahrungsgemäß nicht immer ganz hundertprozentig garantiert sein mussten, eine Mutterschaft dagegen immer. Der Islam wiederum konnte sich trotz fehlender Missionare in wenigen Jahrhunderten lawinenartig in den Ländern südlich des Mittelmeeres ausbreiten und versuchte sich sogar über Spanien und die Türkei in Europa festzusetzen. Dieser unglaubliche Erfolg ergab sich weniger durch Predigt, Gebet oder wortgewaltige Überzeugungsarbeit, sondern – und das ist auch kein besonderes Ruhmesblatt – durch politischen, wirtschaftlichen, sozialen und religiösen Druck. So flüchteten zum Beispiel im frühen Mittelalter Tausende von Christen und Juden aus dem muslimischen Herrschaftsbereich von Cordoba oder Granada. Von heutigen Flüchtlingsströmen vor muslimischem Terror will ich gar nicht reden. Auch die großen Religionen des Ostens missionieren nicht direkt, bieten ihren Gläubigen dafür aber die Hilfe einer Unzahl von Gottheiten an, die in einflussreichen Klöstern mit immer gut geölten Gebetsmühlen präsent scheinen oder in zahllosen Shintu-Schreinen auf Opfer warten. Für jedes Problem gibt es zuweilen eine besonders zuständige Gottheit, was viele Gläubige überzeugt. Die Missionserfolge der christlichen Mönche gründeten sich dagegen auf dem „Wort Christi", vor allem aber auf einem versprochenen ewigen Leben nach dem Tod. Aber auch schon vorher bot das Christentum seinen Gläubigen vermeintliche Sicherheiten an, die wir heute von Krankenkassen, dem Sozialstaat oder von abgeschlossenen Versicherungspolicen erwarten. Technische

Innovationen bieten zudem verlässliche Planungssicherheit, begründet auf naturwissenschaftlichen Erkenntnissen. Und nicht zuletzt können wir uns täglich auf unsere medizinische Rundumversorgung verlassen. Das alles war Menschen vor Hunderten von Jahren völlig unbekannt. Da reichte schon ein vereiterter Zahn, um halb verrückt vor Schmerzen zu werden, von Blitz und Hagel, von Natur- und Menschheits-Tragödien ganz zu schweigen. Da konnte nur beten helfen und ein gnädiger Geist, der mit vertrauten Mitteln beschworen werden konnte: Ein Spritzer Weihwasser, eine geweihte Kerze oder ein teuer erstandenes Kruzifix im Herrgottswinkel der Stube garantierten die Gegenwart des inständig um Schutz gebetenen Heiligen Geistes. Wenn dann noch jemand zur Fürbitte bei der hohen Dreieinigkeit zur Verfügung stand, wusste man, dass alles Menschenmögliche getan worden war, das überall drohende Unheil abzuwenden. Und zuweilen half das ja auch. Wollen wir „aufgeklärten" Besserwisser, geborgen in einer modernen Welt, deshalb nicht zu streng mit naiver Frömmigkeit, irrationaler Gläubigkeit und dem tiefen Gefühl vieler Menschen rechten, wenn sie zuweilen glauben, den göttlichen Hauch des Heiligen Geistes verspüren zu können. Wenn vertrauter Ritus Menschen hilft, sich geborgen zu fühlen, müssen das gerade auch die Ungläubigen respektieren – trotz aller Zweifel, aber solche haben sowieso dort nichts verloren, wo der Heilige Geist Besitz von Menschen ergreift. Und somit darf zum Schluss auch mal ein „Amen" erlaubt sein.

Schön wär`s, könnte das Pfingstwunder damit einen allgemein versöhnlichen Abschluss finden. Doch muss leider mit Traurigkeit und Schmerz auch festgestellt werden, dass immer und überall auf der Welt - gerade im Namen des Heiligen Geistes – schlimmste Vergehen verübt wurden und noch werden. Dabei trifft den Heiligen Geist, mit dem schönen Symbol einer weißen Taube, in seiner himmlischen Reinheit keine Schuld, sind es doch immer nur Irrgläubige in ihrer unseligen Bosheit, die diesen „Geist“ missbrauchen – und das für vermeintlich besonders fromme Zwecke. Die Opfer dafür gehen in die Millionen. Schon die ersten Christen schlugen einander die Köpfe ein, wenn sie sich darüber nicht einigen konnten, ob der Heilige Geist nun *neben* Gott und Jesus Christus existiert oder ob er fester Bestandteil der Dreieinigkeit sei. Da alle wähnten, recht erleuchtet zu sein, sahen sich alle aufgefordert, für ihre Vorstellung zu kämpfen, d.h. die anderen möglichst totzuschlagen.

Die „Ungläubigen“, die sich der Mission widersetzten und sich – „zum Teufel auch“ – nicht taufen lassen wollten, lebten gefährlich. Zum Beispiel fielen der Sachsen-Mission durch Kaiser Karl d. Gr. um das Jahr 800 Tausende zum Opfer, bevor deren Anführer Widukind kapitulierte. Den Überlebenden versprachen die frommen Feldprediger jeweils ein Leinenhemd, wenn auch sie den Widerstand aufgäben und sich taufen ließen. Es funktionierte und der Heilige Geist konnte zufrieden sein, denn auch Widukind wurde Christ und schließlich sogar Bischof seiner Sachsen. Und der Kaiser war es erst recht, er ärgerte sich nur, wenn ihn einige despektierlich den „Sachsenschlächter“ nannten.

Dass zahllose Scheiterhaufen ein halbes Jahrtausend lang den Himmel über dem christlichen Europa mit stinkendem Qualm verdüsterten, hat allenfalls dazu geführt, dass auch der Heilige Geist nur selten Gelegenheit hatte, ungehindert die Erde zu erreichen, um einige wenige, die sich mit Fug und Recht noch Christen nennen durften, zu trösten oder gar zu erleuchten.

Und retten konnte der nun die über 50.000 unschuldig diffamierten und verurteilten „Hexen“ auch nicht mehr. Auch den Tod Tausender „Ketzer“, die nichts anderes taten, als das verkommene Papst- und Priestertum zu kritisieren, konnte kein Heiliger Geist verhindern. Einer der wenigen, bei dem das vielleicht doch klappte, war Martin Luther, den sein „erleuchteter“ Landesfürst in einer Nacht- und Nebelaktion auf die Wartburg entführen ließ, wo dieser Gelegenheit fand, die Bibel in ein modernes Deutsch zu übersetzen. Einem von ihm sehr geschätzten Vorgänger, dem Prediger Johannes Hus aus Prag, konnte der Heilige Geist dagegen nicht zu Hilfe eilen, als dieser 1415 auf dem Konstanzer Konzil zum Tod auf dem Scheiterhaufen verurteilt und vor den Toren der Stadt unverzüglich verbrannt wurde. Den englischen Reformator John Wyclif hatte der Heilige Geist dagegen rechtzeitig von der unseligen Welt abberufen, konnte es aber nicht verhindern, dass auch dieser auf dem Konstanzer Konzil post mortem als Ketzer verurteilt wurde. Ein besonders „frommer“ Bischof ließ dann 13 Jahre später die Gebeine des schon 1384 Verstorbenen wieder ausgraben, um wenigstens diese noch in einem feierlichen Fest zu Ehren Jesu Christi, wohl aber eher zur Genugtuung des Papstes, zu verbrennen. Keiner dieser „Ketzer“ sollte die Chance bekommen, nach dem Tod aufzuerstehen, wozu nicht nur die Seele, sondern auch der Leib notwendig war. Die Kirche nahm sich das Recht heraus, die angeblich von allen guten Geistern, also auch von Heiligen, verlassenen Ketzer wie auch Hexen zur ewigen Verdammnis zu verurteilen. Eigentlich eine ganz schöne Anmaßung, bedenkt man die Prophezeiung bei der Himmelfahrt Christi, dass ja dieser erst - sitzend neben Gott - als Richter über die Lebenden und Toten ein endgültiges Urteil sprechen würde. Also Heiliger Geist hin oder Heiliger

Geist her, hier auf Erden zählte die allein seligmachende Kirche, auch wenn sie sich oft mehr als unselig benahm.

Man könnte geradezu derartig sarkastisch weitermachen, wenn man zu diesem unseligen Thema nun auch noch die weltweit größten Erfolge christlicher Missionare kritisch betrachtet. Scheiterhaufen für „primitive“, widerspenstige „Wilde“ brannten, Gott-sei-Dank, nur mehr selten, dafür aber oft deren „teuflische“ Kulturgüter, vor allem auch deren schriftliche Zeugnisse, wenn es sie denn gab. Von den Aborigines in Australien, zu den Papuas in Neu-Guinea, von afrikanischen Kulturen bis zu den indigenen Völkern Amerikas, alle „Zauberkunst“ musste dem Gott aus dem fernen Palästina geopfert werden, wenn den Heiden schließlich die Gnade zuteil werden sollte, in einer Taufe dessen Heiligem Geiste anvertraut zu werden. Übrig blieb von dieser Jahrhunderte andauernden Praxis oft eine Tragödie: Gut gemeinte Missionsarbeit zerstörte ganze Kulturen und entwurzelte viele der Ureinwohner weltweit. Es ist ein bis heute andauernder Prozess, dem sich nur noch Völkerkundler, Archäologen und Sozialarbeiter zu widersetzen versuchen. Bloß – wo diese zu tun haben, finden sich meist keine Spuren mehr vom Heiligen Geist. Auch hier haben sich viele in seinem Namen, wie so oft, mächtig geirrt. Beim Umgang mit Geistern, bei unheiligen wie heiligen, sollten wir Menschen uns immer bewusst sein, wie fern diese uns sind, und uns auf das verlassen, was wir auch ohne Erleuchtung von oben vermögen, auf Humanität und ein Denken mit kritischem Geiste.

Fronleichnam

Ein Abendmahl mit Folgen

Schon mit dem Namen dieses katholischen Hochfestes haben viele ihre Schwierigkeiten. Von Frondiensten unfreier Bauern im Mittelalter hatte man schon gehört, waren es doch meist unbezahlte Dienstverpflichtungen für den adligen Gutsherrn, und das oft in Zeiten, in denen auf dem eigenen Hof genug zu tun gewesen wäre. Somit kann ein kirchliches Freudenfest wirklich nichts mit solcher Plackerei zu tun haben. Dennoch, in einem Teil des Namens stimmt der historische Bezug: Mit der „Fron" ist hier nicht die bäuerliche Arbeitspflicht für einen Herrn zu verstehen, sondern sie bezeichnet den „Herrn" selbst. Der zweite Teil des kirchlichen Namens ist nach heutigem Sprachgebrauch noch etwas rätselhafter, wenn man sich unter einer Leiche einen leblosen menschlichen Körper vorstellt. In früheren Zeiten, hier ist es die Zeit des Mittelhochdeutschen um 1200, konnte ein *lichnam* noch ganz lebendig sein und bezeichnete den Körper allgemein. In diesem Sinne lässt sich die Zusammensetzung beider Begriffe als „Leib des Herrn" verstehen und passt in seinem Gedenken in die zu Ende gehende Osterzeit, denn das Fronleichnamsfest wird am 60. Tag nach Ostern gefeiert, am zweiten Donnerstag nach Pfingsten.

Während diese Klärung noch ganz problemlos war, so stellen sich die größeren Schwierigkeiten im inhaltlichen Verständnis ein. Es geht an Fronleichnam um die Rückbesinnung auf den Abend des Gründonnerstags, den Tag des Greinens[9], der Trä-

[9] Das „Grün" hat hier nichts mit der Farbe zu tun, sondern verweist auf das mittelhochdeutsche „Greinen", weinen, Tränen vergießen, wie es heute noch im Schwäbischen gebräuchlich ist.

nen, als Jesus mit seinen Jüngern das Abendmahl feierte. Angesichts seines bevorstehenden Todes eröffnete er ihnen ein besonders persönliches Geheimnis: Sein Körper, mit dem er sich am nächsten Tag opfern werde, solle heute und in Zukunft Beweis für seine Heils- und Segensbotschaft sein. Symbolisch bricht er ungesäuertes Brot, das er mit seinen Getreuen mit den Worten teilt *„Das ist mein Leib“*. Aus einem Kelch, wohl aus wohlhabendem jüdischem Hause, wird dann gemeinsam Wein getrunken mit den ähnlich rätselhaften Worten *„Das ist mein Blut“*. Dieser Kelch soll, nach mythischem Verständnis, der geheimnisvolle Gral sein, der seit dem Mittelalter Dichter und Geheimbünde zu Spekulationen verführte. Das spätere Fronleichnamsfest geht nun direkt auf die beiden Elemente Brot und Wein zurück, wenn die „Eucharistie“ gefeiert wird, die Verwandlung von Brot und Wein zurück in den Leib und das Blut Christi. Für alle Theologen ist das nun ein dankbares Streitthema. Die Evangelischen verstehen diese Verwandlung, die während des Abendmahls in Gedenken an Jesus und seine Jünger stattfindet, eher symbolisch, die Katholiken dagegen dürfen diese Verwandlung von Brot und Wein in den „Leib des Herrn“ – also in den „Fronleichnam“ – ganz leiblich, ganz realistisch verspüren. Entsprechend geweihte Oblaten werden den Gläubigen vom Priester in den Mund gelegt. Das Mysterium der Verwandlung des Weins in das Blut Christi wird durch den geweihten Priester gegenwärtig, wenn er den Kelch mit Wein feierlich in die Höhe hebt mit den Worten Christi: *„Das ist mein Blut“*. Nach der Kirchenreform durch Papst Johannes XIII. um 1965 ist es nun auch katholischen Teilnehmern des Abendmahls bei besonderen Anlässen vergönnt, einen Schluck des Weins zu bekommen, bevor der Priester den Rest des „Blutes Christi“ selbst trinkt. Damit soll verhindert werden, dass es im Anschluss an den heiligen Akt nicht unbedacht ganz irdischem Genuss dienen kann. Nach protestantischer Vorstellung ist das unkomplizierter, so darf die zum Abendmahl angetretene Gemeinde auch aus dem meist besonders kostbaren Kelch trinken, den der Pfarrer darreicht. Für aufgeklärte Christen ist dieser jeweilige Ritus heute kein Streitthema mehr, ganz im Gegensatz zu früher, als Katholiken und Reformierte, vor allem in ländlichen Gebieten, oft eine diebische Freude daran hatten, die jeweils „anderen" zu ärgern. So machten sich in einigen evangelischen Dörfern Bauern den zweifelhaften Spaß, gerade an Fronleichnam Jauche auf die Felder auszufahren. Das war eine bewusst boshafte Provokation der in ehrbarer Frömmigkeit feiernden katholischen Gemeindemitglieder und bedeutete auch eine respektlose Störung der volkstümlichen Tradition, der Eucharistie in einer nicht nur feierlichen, sondern auch besonders schönen Prozession zu gedenken. Vor allem Frauen und Kinder haben nach sorgsamen Vorbereitungen Blumenteppiche ausgelegt mit kunstvoll drapierten Heiligensymbolen, so dass der Priester, der nach der Messe in einer Monstranz das Allerheiligste des Tages trägt, die geweihte Hostie, möglichst nicht mit dem Schmutz der Straße in Berührung kommt. Auch von oben soll ein meist herrlich gestickter Tragehimmel die Szene schützen. Für junge Burschen, die sich als treue Messdiener erwiesen hatten, oder reiche Bauern mit einer immer freigebigen Hand, bedeutet es eine große Ehre als Träger des Baldachins dienen zu dürfen. Die Prozession, an der örtliche Vereine und Gruppen teilnehmen, führt unter Gesang und Gebeten an vier reich mit Blumen geschmückte Altäre, wo jeweils ein Text der vier Evangelisten vorgelesen wird, also von Matthäus, Markus, Lukas und Johannes.

Bis dahin scheint noch alles ganz der biblischen Vorlage geschuldet – bis auf die Blumen, denen hier eine so wichtige Bedeutung zukommt, hatten diese doch seit alters her einen mythischen Bezug zur aufblühenden Mutter Natur ganz allgemein. Es waren sichtbare und besonders schöne Hoffnungsbeweise für eine segensreiche Erntezeit. In diesem Sinne dürfen auch Blumen auf Gräbern über die Angst vor einem ewigen Tod hinwegtrösten oder geschmückten Brautpaaren die Gewissheit schenken, dass die zukünftige Ehe fruchtbar und vor allem auch so richtig „schön“ werden wird. Bei der Fronleichnamsprozession erinnern Blumen die Gläubigen an das Versprechen von Jesus Christus, seinen im Glauben Getreuen ein ewiges Leben im Garten Eden zu schenken. Somit passt alles zusammen, Blumen, Glaubensgewissheit und Abendmahl.

Brot und Wein gelten in allen Religionen der Welt als besondere Naturgaben, die man vielerorts opfert oder beim Totengedenken mit Freunden und Angehörigen verspeist. Bemerkenswert ist dabei, dass sich der christliche Ritus davon etwas absetzt. Jesus teilte ungesäuertes Brot mit seinen Jüngern, heute bekommen die Gläubigen beim Abendmahl eine Oblate vom Pfarrer oder Priester. Warum das? Der Grund liegt im Eucharistiegeheimnis: Wenn mit Brot und Wein an Jesus erinnert wird, die den Leib und das Blut Christi nicht nur symbolisieren, sondern nach katholischem Verständnis sogar direkt darstellen, dann ist es verständlich, dass der Wein nicht an eine Trollinger Spätlese erinnern soll oder das Brot an das gute Krustenbrot von der benachbarten Bäckerei. Nein, beides muss neutral sein, um die Eucharistie, die heilige Verwandlung von Brot und Wein, erlebt im tiefen Glauben, nicht durch ganz menschliche Sinnenlust zu stören.

Verlassen wir das theologische Minenfeld und begeben uns wieder auf das etwas sicherere Terrain der Geschichte. Einen Ursprung von Fronleichnam kann man im 13. Jahrhundert ausmachen, als die Augustinernonne Johanna von Lüttich eine Vision hatte. Sie träumte immer wieder von einem Mond, der einen ungewöhnlich dunklen Fleck aufwies. Als das ihr Bischof erfuhr, der von Visionen der tief gläubigen Schwester Johanna schon seit längerem gehört hatte, machte er sich einen Reim darauf: Es fehle im katholischen Jahr noch ein Fest, und das musste die Feier der Eucharistie sein! Nach sorgfältigen Vorbereitungen wurde dann 1246 das erste Fronleichnamsfest gefeiert, natürlich in Lüttich. Der damalige Papst Urban IV. ließ sich nach Diskussionen der Glaubenskongregation von dieser Idee überzeugen und erhob das „Fest des Blutwunders" 1264 zu einem Feiertag der Gesamtkirche. Und seitdem haben alle

Katholiken an dem betreffenden Donnerstag frei, um ihr Fronleichnam gebührend feiern zu können. Heute nehmen Arbeitgeber am folgenden Freitag frei und die Schulen legen einen beweglichen Ferientag ein, so dass alle vier Tage am Stück ausruhen oder wegfahren können. In früheren, noch ländlich-bäuerlichen Zeiten war das ganz ähnlich, wenn auch nicht so komfortabel. Ferien- und Urlaubstage waren natürlich noch ganz unbekannt, aber die Menschen benötigten auch ihre Zeiten der Ruhe, denn oft war sogar sonntags Arbeit angesagt, wie in Zeiten der Ernte. Da erkannte die Kirche eine Gelegenheit, sich um ihre abgearbeiteten Schäfchen auch mal so richtig zu kümmern: Alle kirchlichen Feiertage sollten möglichst arbeitsfrei sein, was für Menschen ohne Urlaubsansprüche ein echter Segen war. Wenn auch Vieh und Familie versorgt werden mussten, wurde an diesen Tagen nichts weiter geschafft, kein Holz geschlagen, keine Wäsche gewaschen. Und auf den feierlichen Kirchgang freuten sich alle. Eucharistie hin, Eucharistie her.

Johannisfeuer

Mit Heilkraut und Feuerzauber

Sommerurlauber in den Bergen Bayerns oder Österreichs freuen sich schon darauf, wenn am 23. oder 24. Juni spätabends um die Urlaubsorte ein Feuerzauber losgeht. Riesige Feuerräder werden von Anhöhen oder nahen Bergen heruntergerollt, natürlich zum Schrecken der örtlichen Feuerwehr, zur Verwunderung der Gäste, aber auch zum Spaß für die Kinder. Wenn nichts Böses passiert und die funkensprühenden Räder unten noch einigermaßen heil ankommen, dann sollen auch die Einheimischen ihre Freude zeigen, denn sie dürfen gewiss sein, dass es bald eine gute Ernte geben wird. Dank Johannis.

Doch wie hängt das alles zusammen? Der Johannistag ist erst einmal ein urchristlicher Gedenktag an Johannes den Täufer, bekannt aus vielen einander überlagernden Berichten der Bibel. Seine Mutter Elisabeth war wohl eine Cousine von Maria, der Mutter von Jesus. Wie bei dieser hatte auch bei den Eltern von Johannes der Heilige Geist seine Hände im Spiel. In der Malerei finden sich dazu wunderschöne Darstellungen des Erzengels Gabriel, wie er den beseelten Frauen die Botschaft ihrer baldigen Schwangerschaft übermittelt. Gezeugt wurde Johannes trotzdem, im Gegensatz zu Jesus, noch ganz normal von seinem Vater Zacharias, also noch ohne jede Parthenogenese[10]. Nach einer anderen Quelle war die kinderlose Elisabeth schon über das gebärfähige Alter hinaus, als sie schwanger wurde. Der Schrecken darüber schockte Zacharias wohl so

[10] Jungfernzeugung, ein verbreiteter antiker Mythos von Babylon über Ägypten bis zu den Griechen

sehr, dass er drei Tage lang die Sprache verlor. Bei der geplanten Beschneidung sollte das Kind den Namen seines verschreckten Vaters bekommen, aber nein, hier erschien nun der Erzengel Gabriel mit dem Auftrag an die Eltern, ihr Kind auf den Namen Johannes taufen zu lassen. Und wer wollte da widersprechen? Hebräisch bedeutet der Name „der Herr ist gnädig“ und konnte folglich auch als gnädiger Fingerzeig von oben für ein sorgenfreies Schicksal des Kleinen gedeutet werden. Bis zum frühen Tode von Johannes um 30 nach u. Z. passte sein Namensorakel auch, es endete jedoch abrupt mit der Enthauptung des Wegbereiters Jesu durch Herodes Antipas. Bekannt ist dabei vielen Kunstfreunden das schreckliche Motiv mit seinem abgeschlagenen Kopf, präsentiert auf einer silbernen Schale. Und wer die Oper *Salome* von Richard Strauss kennt, der weiß, wie verführerisch diese Salome tanzt und ihren Vater damit zwingt, ein unbedachtes Versprechen einzulösen: Sie wollte den Kopf des Johannes – und erhielt ihn. Die Gnade des Herrn hatte wohl nicht so weit gereicht, dem dummen Mädchen einen sinnvolleren Wunsch einzugeben. Und man sieht mal wieder, auch der Heilige Geist kommt an seine Grenzen, wenn es um menschliche Dummheit und Bosheit geht.

Johannes wurde etwa im Jahre 5 vor unserer Zeitrechnung geboren, und damit möglicherweise gerade die genannten 6 Monate vor Jesus. Als Erwachsener wurde er Wanderprediger in Palästina wie sein jüngerer Vetter zweiten Grades Jesus von Nazareth. Bekannt wird dann die bis heute von Theologen ernsthaft diskutierte Taufe von Jesus durch Johannes und damit die religiös zu deutende Beziehung der beiden zueinander. Auf jeden Fall schien Johannes von Gott auserwählt worden zu sein, Jesus zu taufen, was das zu damaliger Zeit auch immer bedeutet haben mag. Johannes selbst war sich dabei seiner Rolle wohl bewusst, wenn es im gleichnamigen Evangelium (3,30), das in Teilen auf den Apostel direkt zurückgeht, heißt: *„Er muss wachsen, ich dagegen muss abnehmen."* Und Achtung! Hier dreht sich das bekannte biblische Geschehen fast ohne Umschweife wieder zu unserem Johannistag am 24. Juni. Diesen Tag sah man nämlich auch als Tag der Sommersonnenwende, einen uralten Feiertag aller heidnischen Völker. Und nun der offensichtliche Zusammenhang mit Johannes` Selbstäußerung: Bis zum 24. durfte *„er* wachsen" wie die Sonne, die hier als Symbol für Jesus zu verstehen ist. *Dessen* Licht wird bleiben und sich weiter in der Welt ausbreiten. Im bescheidenen Gegensatz zu *ihm* wird sein eigenes Licht dagegen „abnehmen", so wie es die Sonne ab diesem Zeitpunkt im Jahresverlauf tun wird. Damit hat der Tag der Sommersonnenwende seinen heilsgeschichtlichen Namen als „Johannistag" erhalten. Bemerkenswert ist, dass auch der Evangelist Lukas die Bedeutung dieses Tages hervorhebt, indem er in 1,26 betont, er liege 6 Monate vor dem eigentlichen Höhepunkt christlicher Gotteserwartung, dem Weihnachtsfest. Und es ist somit auch kein Zufall, dass dieses ebenfalls in die Zeit einer Jahreswende fällt, dann der Wintersonnenwende.

Dieser uralte Sonnenkult findet, wen wundert`s, während der Missionierung und danach viele Formen christlicher Aneignung. So erscheint es uns selbstverständlich, dass grundsätzlich alle Kirchen nach Osten hin, dem Aufgang der Sonne zu, ausgerichtet sind. Wenn der Eingang im Paradies eines beeindruckenden Westwerks einer mittelalterlichen Kathedrale liegt, dann darf sich der Besucher beim Betreten der Kirche in Richtung Osten, dem besonders heiligen Chor- und Altarraum, andächtig nähern. Es ist somit auch ein gleichsam symbolischer Weg zu Gott hin, zum Licht der Erkenntnis, das vielfach durch verzauberndes Licht wunderbarer Glasfenster zur Geltung gebracht wird.

Weniger offensichtlich dagegen sind andere Adaptionen des Sonnenkultes, gerade im landläufigen Sinne. Von angezündeten Feuerrädern, die in der Johannisnacht Abhänge hinuntergerollt werden, war schon die Rede, stehen sie doch für die Sonnenscheibe. Das Feuer der lebensspendenden Sonne kann allerdings auch in anderen Formen beschworen werden, wie großen Johannisfeuern oder Mutproben, wenn vor allem junge Leute über ein kleines Feuer springen. Dass dieser Spaß von unseren Altvorderen als Reinigung für Körper und Seele verstanden wurde und somit auch vor Krankheiten schützen konnte, ist uns heute nicht mehr bewusst. Muss auch nicht, einem vitaminreichen Johannisbeersaft aus dem Reformhaus vertrauen wir da eher. Ähnlich geht es auch modernen Landwirten, wenn sie Dünger ausbringen oder mit Gift Schädlinge bekämpfen. In früheren Zeiten hofften Bauern unter anderem auch auf die segensreiche Kraft der Asche des letzten Johannisfeuers, mit der sie ihre Äcker bestreuten. Da es nie viel davon gab, mussten dabei eben Gebete und altbekannte Beschwörungsformeln etwas lauter daher gesagt werden. Und manchmal half das ja auch, besonders wenn in die Johannisfeuer gut riechende Kräuter geworfen worden waren. Die Bäuerinnen hatten solche Kräutlein auch gebunden und sie als schöne Johannissträuße an Türen von Haus und Hof angebracht. Das sollte vor Feuer, Unwetter und bösen Geistern schützen. Lachen wir nicht, es gab damals noch keinen Kunstdünger, kein Glyphosat und keine Feuerversicherung, aber verlässliche Heilige wie unseren Johannes den Täufer.

Der Tag des Kusses

leider nicht überall romantisch

Nachdem in der westlichen Welt religiöser Glaube und kirchliche Bindungen immer weiter ins Hintertreffen geraten, wofür erschreckend hohe Zahlen von Kirchenaustritten sprechen, haben ganz weltlich orientierte Menschen seit etwa 1990 damit begonnen, mit neuen „Gedenktagen", oder was man darunter verstehen kann, Menschen zu entsprechendem Nachdenken anzuregen. So gibt es Aktionstage mit mehr oder weniger ernstgemeinten Programmen, die öffentliche Aufmerksamkeit erregen sollen. Am 21. Februar wird zum Beispiel der sicher überall notwendigen Sprachpflege gedacht, und zwar mit einem „Tag der internationalen Muttersprache". Kurz vorher hat sich dagegen ein wohl eher witzig gemeinter „Tag des dicken Pullovers" kalendarisch eingenistet. In ähnlichem Widerschein stehen auch der eher genüssliche „Tag der italienischen Küche" am 17. Januar zum nachdenklichen „Tag der Weltreligionen" am dritten Sonntag dieses Monats. Von zunehmend aktueller Bedeutung erscheint auch der „Tag der deutschen Sprache" am jeweils zweiten Samstag im September, den der *Verein Deutsche Sprache* ins Leben gerufen hat. Bei dieser Vielzahl unterschiedlicher Gedenktage kann es nicht verwundern, dass sich ein Spaßvogel – hier wäre auch ein Vogelweibchen denkbar – einen „Tag des Kusses" für den 6. Juli ausgedacht hat, den dann noch mehr Spaßvögel da und dort in inniger Hingabe begehen dürfen. Doch Obacht! So spaßig muss das mit dem Küssen keineswegs immer sein.

Fangen wir mit einem die Welt erschütternden Kuss-Debakel in Spanien[11] an. Wurde doch die frisch gekürte Weltmeisterin im Frauenfußball mit der Rückennummer 11 bei der Siegerehrung von ihrem Verbandspräsidenten in einem emotionalen Siegesrausch unbedacht auf den Mund geküsst, so dass sich nicht nur die Nummer 11 attackiert fühlte, sondern weltweit alle Feministinnen. Ihr mitfühlender Aufschrei ließ die Welt erschauern und den Fußball vergessen. Kaum hatte sich der Präsident aller spanischen Balltreter noch genüsslich die Lippen geleckt, sah er sich mit zahllosen roten Karten konfrontiert. Ein böser Sturm weiblicher Entrüstung erfasste die Welt, sogar der spanische König war sprachlos. Die Medien gaben den präsidialen Kuss-Sexisten des spanischen Fußballs zum Abschuss frei, so dass dessen Mutter aus Entsetzen über die bösen Schienbeintritte und sonstigen Fouls gegen ihren Sohn in Hungerstreik trat. Das gelle Pfeifkonzert selbsternannter Schiedsrichterinnen und Schiedsrichter machte schließlich allen deutlich: Kuss ist nicht gleich Kuss, nicht einmal im Siegesrausch einer Weltmeisterschaft.

Franz Lehárs freches Operettenlied müsste in solch einer brandmarkenden Sexismus-Unkultur, wie sie nicht nur Spanien an den Rand des sportlichen Friedens brachte, natürlich sofort auf den feministischen Index verbotener Lieder. Das sollte auch für einen Frauenschwarm, wie Jonas Kaufmann[12], gelten, wenn er übermütig singt: *„Gern hab` ich die Frau`n geküsst, hab nie gefragt, ob es gestattet ist...“* Zensur ist immer gut, wenn es um Sexismus, Tod und Teufel geht. Na also...

---

[11] Weltmeisterschaft im Frauenfußball im August 2023
[12] gefeierter Tenor

Gehen wir in der Geschichte einen Schritt zurück, so in die Zeit der politischen Agonie des Ostblocks. Beim Besuch des sowjetischen Präsidenten Breschnew in Ost-Berlin kam es am 17. Oktober 1979 zu einem innigen sozialistischen Bruderkuss mit dem zu der Zeit gar nicht mehr so innig geliebten Parteifreund Erich Honecker. Als dieses Bild um die Welt ging, erbebten vor so viel herzlicher Brüderlichkeit sicher nur noch die allerletzten eingefleischten kommunistischen Kader. Alle anderen wussten, dass diese politische Ehe schon lange nichts mehr wert war und amüsierten sich über dieses peinliche Spektakel, im Westen ganz offen, im Osten klammheimlich. Trotzdem war diese scheinbar homoerotische Politschau kein nur massenwirksamer Einzelfall. Es gibt in dieser Hinsicht in der Sowjetarmee eine lange Tradition seit Lenins Tagen. Danach sollte die ideologisch angeordnete Idee, dass im Kommunismus „alle Menschen Brüder" würden, bei gegenseitigen Begrüßungen und passenden Gelegenheiten, vor allem beim Militär, im innigen Bruderkuss auf den Mund ihren Ausdruck finden. Diesem Motiv wurde nicht nur in der Sowjetunion sogar eine Briefmarke gewidmet. Dass dieses eigentlich schöne, weil friedliebende Ritual heute in Osteuropa wieder ganz aus der politischen Mode gekommen ist, hat im Wesentlichen zwei Gründe. Der erste scheint mir darin zu liegen, dass auch in den Ländern des ehemaligen Sowjetimperiums immer mehr Frauen an die Macht drängen, also auch in höhere militärische Ränge. Wenn nun bei herzlich gemimten Begrüßungen nicht nur „Brüder" zum Kusse kommen, sondern auch „Schwestern", und das auch noch über alle nationalen Gendergrenzen hinweg, dann müssten wohl nicht nur hart gesottene Soldatinnen und Soldaten, sondern auch weltweit alle Politikerinnen und Politiker damit rechnen, wegen angeblichen Kussvergewaltigungen militärische oder diplomatische Krisen heraufzubeschwören. Angesichts der gegenwärtigen Weltlage hätte man damit aber, wie ich meine, gut leben können.

Der andere Grund für den inzwischen ganz aus der Mode gekommenen Bruderkuss Lenin`scher Erfindung scheint mir darin zu liegen, dass sich die Jahrzehnte lang propagierte „Brüderlichkeit" sozialistischer Staaten als das entlarvt hat, was sie tatsächlich war, als bloßer Popanz. Mit einer politisch verordneten Formalität sollte ein ideologisch erwünschtes Bewusstsein entwickelt werden. Dass dies nicht funktionieren konnte, war jedem vernünftigen Beobachter im Westen klar, wenn er sich über das kommunistische Kuss-Spektakel amüsieren durfte. Wie tief diese propagierte „Liebe" sowjetischer Brudervölker war, wurde gleich nach der Auflösung der Sowjetunion deutlich, als es fast überall zu kriegerischen Auseinandersetzungen kam. Der russische Überfall auf das ehemalige Brudervolk der Ukrainer Anfang 2022 ist das in dieser Hinsicht bislang erschreckendste Zeugnis kommunistischer Illusionen. Zu Versöhnungs- oder gar Bruderküssen wird es hier nicht mehr kommen. Dabei wäre eine solche politische Sabbelei von ehedem immer noch besser als ein noch so „ehrenwerter" Waffengang, wie ihn heute beide Kriegsparteien propagieren. Und was lernen wir daraus? Küssen wäre allemal besser als schießen! Zünden wir wenigstens in diesem Sinne am 6. Juli eine besonders schöne Kerze an und stellen sie ins Fenster.

Andere Probleme mit dem Küssen, die sich bei der Begegnung von Kulturen ergeben, sind, verglichen mit den kommunistischen Kussorgien, ein Klacks. Trotzdem sollten sich Geschäftsleute und Reisende bei ihren weltweiten Kontakten durchaus darüber im Klaren sein, dass ein Kuss zur falschen Zeit, am falschen Ort und auf eine falsche Stelle mehr als eine befremdliche Irritation hervorrufen kann. Also Vorsicht! In Neuseeland werden Maoris bei freundlicher Annäherung versuchen, ihre Nasen an denen der Besucher zu reiben; deshalb - kein Knoblauch und vorher die Nase putzen, denn sie wollen den Atem mit dem Gast austauschen. Wenn man/frau einem traditionsbewussten Österreicher die Hand reicht, wird er darin keine Aufforderung für ein Trinkgeld sehen, sondern zu einem stilvollen Handkuss. Und Afrikaner küssen gar nicht, die meisten jedenfalls. Wer in der Dummheit nach Thailand als Sextourist reisen will, sollte wissen, dort sind eigentlich Küssen und schon das Anfassen in der Öffentlichkeit tabu. Also – bleibt daheim oder fliegt gleich weiter bis China. Dort gab es bis 1997 für öffentliche Küsse Haftstrafen, zumindest aber staatliche Erziehungskurse, die bis heute auch westlichen Sextouristen nicht schaden würden. In islamischen Staaten sind öffentliche Küsse undenkbar, was vor allem mit dem landesüblichen Frauenbild zu tun hat, das Frauen oft unsichtbar für Fremde macht. In Frankreich sollte man sich, wenn schon, drei bis viermal mit Wangenküssen begrüßen. Enge Freunde tauschen hier sogar zarte Zungenküsse aus. Auch Spanien hat eine schöne Tradition, die sich aber langsam verliert. Öffentliches Küssen war eine Demonstration gegen die Franco-Diktatur. Nachdem es diese aber seit langem nicht mehr gibt, dürfen nicht einmal mehr Fußballverbandspräsidenten für die Freiheit demonstrieren, wie wir oben lesen konnten. Zusammengefasst gilt folglich: Informiert Euch, liebe Leser, wenn Reisen ins Ausland anstehen, denn es gilt trotz aller Globalisierung: Fremde Länder, fremde Sitten. In 168 untersuchten Kulturen wurde sowieso nicht einmal von der Hälfte der Erwachsenen romantisches Küssen gepflegt. Das können wir bedauern, nützt aber nix.

Betrachtungen mit religiösem Hintergrund sollen diese Küsserei nun abschließen. Hohe katholische Würdenträger, bis hin zum Papst, lassen sich zuweilen auch gerne küssen, das aber nur untertänigst auf einen gesegneten Ehrenring am Finger der rechten Hand. Dass Judas, Jünger von Jesus seinen Herrn mit einem Kuss, eben dem „Judaskuss“, verriet, weiß fast jeder. Aber diese Geschichte wäre einer eigene Betrachtung wert, weil es ein Kuss war zwischen Liebe, Pflicht und Verrat. Und das ist nicht ganz einfach zu verstehen, wie die ganze Küsserei überhaupt.

Mariä Himmelfahrt

oder ihre „Wurzelweihe“

Am 15. August feiern Katholiken diesen Tag als liturgisches Hochfest. Mariä Himmelfahrt gilt hier als „großer Freudentag“ im Gegensatz zum eher „kleinen Freudentag“ des 8. September, dem Tag der Geburt Mariens. Obwohl in vielen Ländern arbeits- und schulfrei, ist das mit der Himmelfahrt von Maria, der Mutter Jesu, keineswegs so abgesichert, steht doch davon direkt nichts in der Bibel – und die gilt ja als Grundlage des Christentums und sollte damit verbindlich sein. Doch das Papsttum nimmt und nahm biblische Berichte nie ganz so genau, weswegen auch Papst Pius XII. im Jahre 1953 kein Problem darin sah, die leibliche Aufnahme Mariens in den Himmel als verbindlichen Glaubenssatz, also als Dogma der katholischen Kirche, ex Cathedra[13] zu verkünden. Die Erhöhung der Gottesmutter gleichsam als anbetungswürdige Himmelskönigin war tatsächlich aber keineswegs neu, sondern befeuerte die religiösen Auseinandersetzungen vor allem seit der Reformation Martin Luthers. Bis heute reicht es den Protestanten, in Maria die Mutter von Jesus zu sehen, glücklich beseelt in Bethlehem und traurig erschüttert unter dem Kreuz. Die „Evangelischen“ richten sich, was die Bedeutung Mariens angeht, nur nach den vier „Evangelisten“ Matthäus, Markus, Lukas und Johannes, deren Texte als verlässliche Quellen angesehen werden. Und dort ist nirgends die Rede von einer „Himmelfahrt“ Mariens!

Wir bewegen uns also auf vermintem theologischen Gebiet, wenn wir weitere Texte zu diesem Thema betrachten. Wie

---

[13] Und gilt damit als „unfehlbare“ päpstliche Erklärung

schon an anderer Stelle angeführt, gibt es über das Leben von Jesus auch eine bekannte Sammlung von Erzählungen, die „Apokryphen" des Neuen Testaments. Zweifelhafte Evangelien berichten darin legendäre Kuriositäten. Einige gehen schon auf die Zeit von Paulus zurück, der vor solchen Fake News ausdrücklich warnte, andere sind offensichtlich bis zum 4. Jahrhundert da und dort entstanden. Diese Texte mit ihrem oft märchen- oder sagenhaften Charakter wurden von dem Kirchenkonzil von Nicäa im Jahre 325 gleichsam beiseitegelegt, bis sich ihr Wahrheitsgehalt erweise. Die wahren Bücher dagegen dürfen auf den Tisch des Herrn, die anderen müssen darunter. Na ja, so wissen wir bis heute nie ganz genau, wo unsere Quellen, die wir gerade bemühen wollen, liegen. Ebenso geht es der Erzählung über Mariens Tod auch. Schon wo ihr Sterbebett lag, bleibt unklar. Einige Quellen behaupten, es sei in Jerusalem gewesen, andere meinen, Maria sei bis Ephesus gekommen. Dabei wird deutlich, dass man das mit den Apokryphen nicht so genau nehmen darf. Noch unglaubwürdiger wird's, wenn man nun die Trauernden um ihr Bett betrachtet, sind es doch alle 12 Apostel, die ja in der Zwischenzeit schon lange mit dem Missionsauftrag ihres Herrn in alle Welt unterwegs waren. Und das alles ohne Internet, Handy und täglich verfügbare Fluglinien. Machte aber nix, denn der Heilige Geist nutzte seine ganz eigenen Möglichkeiten und beamte die von der Nachricht zutiefst erschrockenen Weggefährten Jesu gleichsam direkt an das Sterbelager Mariens. Nach deren Ableben beerdigten sie den Leichnam ganz ähnlich wie ehedem den von Jesus. Sie bekam ein Felsengrab mit einem großen Stein davor. Kaum waren die Apostel weg, vielleicht auch schon beim Leichenschmaus, da erschien der besorgte Sohn Christus mit Engeln, die den Stein wieder wegrollten und die Tote entrückten. Christus sorgte nun dafür, dass seine Mutter Aufnahme im Himmel fand. Diesen Vorgang unterscheiden somit spitzfindige Theologen von der eigentlichen „Himmelfahrt" Christi, was einfache Gläubige allerdings nicht so recht nachvollziehen können. Egal, sollen sie doch ihr „Mariä Himmelfahrt" feiern, wie sie es gewohnt sind. In der Ikonografie, also der bildlichen Darstellung dieser „Aufnahme" Mariens in den Himmel, nimmt Christus die Seele seiner Mutter in Form eines Wickelkindes in Empfang, womit ausgedrückt wird, dass diese Seele noch ganz rein und unberührt ist von allen späteren irdischen Einflüssen.

Bemerkenswert ist noch das Datum, an dem das kirchliche Hochfest gefeiert wird, ist es doch der 15. August. Diesen Tag hatte einstmals Kaiser Augustus ausgewählt, und das in den Iden seines persönlichen Monatsnamens, weil es für ihn und seine Römer tatsächlich etwas zu feiern gab: Mit diesem Tag erinnerte Augustus an den entscheidenden Sieg über seinen Rivalen Marcus Antonius und dessen Geliebte, die ägyptische Königin Cleopatra. Damals hatte Augustus eine mögliche Spaltung des Römischen Reiches verhindert und sich mit seinem Sieg die alleinige Herrschaft gesichert. Dem Kaiser war dieses Datum so wichtig, dass er verfügte, die Feierlichkeiten sollten sogar drei Tage andauern. Im Laufe der Christianisierung wurden diese tatsächlichen Kaisertage zunehmend ein Ärgernis, hatte der Kaiserkult im römischen Reich doch religiöse Züge angenommen, der zu den bekannten Christenverfolgungen geführt hatte, die unzähligen Gläubigen oft grausamsten Tod brachten. Das hatte sich erst geändert, als Kaiser Konstantin im Jahr 393 das Christentum zur Staatsreligion erhob. Und trotzdem blieb der 15. August noch lange ein beliebter Feiertag zum Andenken an Kaiser Augustus. Und jetzt nutzten diejenigen, die es mit der Christianisierung ernst nahmen, die immer wieder erfolgreiche Taktik einer Symbiose von Alt und Neu: Man verbot die alten „heidnischen" Riten nicht einfach, sondern verband sie mit dem neuen christlichen Gedankengut. Schon wenige Jahrzehnte nach der Konstantinischen Reform führte Bischof Kyrill von Alexandrien das Fest Mariä Himmelfahrt für den 15. August ein. Das geschah ganz friedlich, der alte Kaiser Augustus war sowieso schon lange vergessen und der geliebte Feiertag blieb. Also war doch alles gut – bis zum heutigen Tag.

Und heuer wird Mariä Himmelfahrt vielerorts mit prächtigen Prozessionen gefeiert, bei denen Gnadenbilder der Mutter Gottes mit tiefer Inbrunst vom Priester oder von Gläubigen durch die Straßen getragen werden. Monoton, aber eindringlich klingende Bittgebete an die Jungfrau Maria begleiten den Zug, vor allem von in Schwarz gekleideten älteren Frauen der Gemeinde. Rosenkränze werden halblaut gebetet und jeder Beobachter des eigenartigen Umzugs darf sich auf ein paar Spritzer Weihwasser freuen.

Bei solchen Prozessionen scheint allerdings auch ein uralter Ritus der Verehrung von heidnischen Muttergottheiten durch, denn der, vor allem in ländlichen Regionen, besonders tiefgläubig gefeierte Marienkult hat, wie schon gesagt, nichts mit den Evangelien zu tun. Naturverbundene Göttinnen germanischer Völker, wie zum Beispiel die drei Bethen der Kelten, konnten während der Christianisierung verdrängt, aber in der Erinnerung nicht ganz ausgelöscht werden. Auch hier funktionierte die raffinierte Taktik der Missionare: Den vertrauten heiligen Frauen wurden nicht nur ein Herrschergott, ein Messias und ein Heiliger Geist gegenüber gestellt, sondern auch eine liebende und treu sorgende Heilige des neuen Glaubens, eben Mariä, die Mutter Gottes. Mit ihr konnten sich gerade einfach gestrickte Menschen leicht identifizieren, sie bot ein vertrautes Heiligenbild. Vergleichbar mit Ambeth durfte sie als Gottesgebärerin für die Fruchtbarkeit zuständig sein, wie Wilbeth war sie eine Lichtgestalt des Lebens und gleichzeitig wie Borbeth, die Dunkle, eine Erlöserin von dem düsteren Tode. Nur in diesem Zusammenhang lässt sich die tiefe Verehrung von Marienstatuen und -bildern verstehen, die auch in entsprechenden Farben ihre Zusammengehörigkeit zeigen: Das weiße Unterkleid Wilbeths symbolisiert Reinheit und das Licht Gottes, das rote Hauptgewand Blut und Leben Ambets und das blaue Überkleid der dunklen Borbeth steht für Tod und Himmelfahrt. Heutigen Gläubigen sind diese Zusammenhänge meist ganz unbekannt. Trotzdem gibt es in vielen ländlichen Regionen noch wachgehaltene Erinnerungen an drei „weise Frauen", die gelegentlich sogar mit Blumen oder einem kleiner Erntedank geehrt werden – und das meist von älteren Frauen.

Die tiefsitzenden Wurzeln einer Naturreligion im Marienbildnis werden auch an Maria Himmelfahrt deutlich, wenn das Fest im 14. Jahrhundert „Unserer lieben Frau Wurzelweihe" genannt wurde. Noch heute werden am 15. August in katholischen Kirchen Kräuter geweiht, die dann im Herrgottswinkel in der Stube das Gnadenbild „reinhalten" sollen. Und wenn mancherorts Marienprozessionen zudem als Lichtprozessionen gefeiert werden, verweist der uralte Feuerzauber ebenfalls weniger auf die Evangelien als auf die Jahrtausende alten Riten. Bleiben wir also hier unten in unserer Welt, in Natur und Geschichte und bewundern Christus, wie er für die Aufnahme seiner Mutter in den Himmel sorgte. Dann dürften alle zufrieden sein.

Mariä Geburt

Auch hier hatte der Heilige Geist seine Finger im Spiel

Das kleine Fürstentum Liechtenstein war wohl das letzte Land, das den gesetzlichen Feiertag zu Mariä Geburt am 8. September gestrichen hat, in anderen Ländern galt er schon lange nicht mehr als solcher. Wer zudem kein braver katholischer Kirchgänger ist, hat folglich meist keine Ahnung von einem Fest zu Ehren der Geburt von Jesu Mutter selbst. Ja, man hat vielleicht auch schon von einem Tag „Mariä Empfängnis" gehört, der einem als aufmerksamem Kalenderleser am 8. Dezember begegnet, aber groß Gedanken hat sich kaum jemand darüber gemacht. Dabei ist hier der Zusammenhang des Zeitraums von 9 Monaten noch rein biologisch begründet und hat wenig mit dem Walten eines Heiligen Geistes zu tun. Auch bekanntes Volksgut ist für diese Tage ganz profan, wenn der Opa den Kindern erzählt: *„Zu Mariä Geburt fliegen die Schwalben furt"* oder *„an Mariä Geburt sind die Nüsse gut"*. Mögen die Reime auch etwas unrein klingen, egal, die Kleinen haben etwas gelernt. Und die Hausfrauen feierten den „kleinen Frauentag", wenn auch nicht so inbrünstig wie den „großen" mit Mariä Himmelfahrt am 15. August, oft mit einer extra angezündeten geweihten Kerze. Tagsüber waren sie vielleicht auf einem der landläufigen „Maria-Geburt-Märkte" gewesen, wo sie einen schönen Kochlöffel, eine bunte Kittelschürze oder einen neuen Milchhafen gekauft hatten, weil die Katz' den irdenen vor ein paar Tage runtergeschmissen hatte. Viel mehr brauchte man nicht, es war ja alles daheim auf dem Hof da. Maria sei`s gedankt.

Da ansonsten keine wichtigen Traditionen mit diesem Tag verbunden waren, wusste oft nur der Priester etwas mehr über „Mariä Geburt“ zu erzählen. So ist der Gedenktag im 5. Jahrhundert aus dem Weihefest der St. Anna-Kirche in Jerusalem hervorgegangen, dem Ort, an dem Maria der Legende nach geboren war. Biblisch überliefert ist dagegen die heilige Anna selbst als Mutter Mariens. In Andachtsbildern wird auch sie gelegentlich als „Anna selbdritt“ gezeigt, wenn sie mit ihrer Tochter und dem kleinen Jesuskind dargestellt ist. „Selbdritt“ ist dabei eine altertümliche Bezeichnung für eine Dreiergruppe im Sinne von *selbst zu dritt*. Im Schwäbischen ist bis heute noch ein vergleichbarer Begriff gebräuchlich, wenn man „selbander“, also zu zweit zum Beispiel in die Kirche geht. Hier bedeutet das *selbst und ein anderer*. (Gendern lässt sich das urige schwäbische Wort nicht zum Leidwesen aufmüpfiger Schwäbinnen; aber sotte Weiber geiht`s bei rechte Schwoba sowieso et.) Die figürliche Darstellung der „heiligen Sippe“, wie sie auf manchen Kreuzigungsbildern vorkommt, ist für nicht Eingeweihte oft unübersichtlich. Neben Maria selbst steht nicht selten eine zweite, eine andere Maria, sie gilt als Maria Kleophas und ist damit die Schwägerin Mariens. Zur Familiengruppe zählt auch Elisabeth, die Mutter von Johannes dem Täufer. Viele sehen in ihr die Schwester Mariens, sie ist anscheinend aber eher ihre Cousine, denn deren Mutter Anna hatte eine Schwester mit dem Namen Esmeria und diese wieder eine Tochter namens Elisabeth. Soweit die kleine Familienchronik.

Zum Glück sind viele ikonografische Darstellungen nicht so verwirrend wie die der heiligen Sippe, vor allem wenn es direkt um die Darstellung der Geburt Mariens durch ihre Mutter Anna geht. Diese Abbildungen zeigen allerdings nicht die antiken Umstände einer damaligen Geburt, sondern die des Mittelalters, die den Malern wenigstens vom Erzählen her bekannt war; denn Männer, auch besorgte Väter, waren bei diesem erst einmal ganz irdischen Mysterium unerwünscht. Auch dies hat sich in unserer aufgeklärten Gesellschaft erst seit wenigen Jahrzehnten geändert. Der moderne Mann darf seiner Frau die Hand halten, mithecheln und schließlich sogar die Nabelschnur des Neugeborenen durchschneiden, wenn auch nicht mit seinem Taschenmesser, so doch mit der vom Arzt oder von der Hebamme dargereichten Schere. Auf mittelalterlichen Darstellungen einer Geburt fehlen diese tapferen Männer, sie dürfen allenfalls vor der Tür auf das frohe Ereignis warten. Leider war dieses Ereignis in vielen Fällen aber keineswegs immer „froh“, saß doch der Tod, trotz seiner Männlichkeit, unerkannt an jedem Bett, an jedem Geburtsstuhl und schnitt nicht selten die Nabelschnur des hilflosen Erdenbürgers ab und oft auch noch den Lebensfaden seiner jungen Mutter gleich mit. Erst der ungarische Arzt Ignaz Semmelweis erkannte um 1850 die eigentliche Ursache des Kindsbetttodes der Mütter, es war schlichtweg mangelnde Hygiene. Wenn Maler die Geburt Mariä darstellten, dann durften umstehende Frauen Tücher und Wassereimer bereithalten, aber niemand weiß, wie hygienisch rein alles war und wie sorgfältig sich vor allem die Hebamme ihre Hände gewaschen hatte. Sehr wohl weiß man allerdings von hohen Sterbezahlen gebärender Mütter. Auch weiß man, dass etwa die Hälfte aller Kinder bis zu ihrem fünften Lebensjahr starb. So scheint es nicht weit hergeholt, wenn auch schon Mariens Geburt ein beliebtes Genre bildender Künstler weit über das Mittelalter hinaus wurde. Die christliche Mission, den Tod zu besiegen, fing nicht zuletzt bei der Geburt der Gottesgebärerin selbst an. Auch deswegen feiern Gläubige gern ihr „Mariä Geburt“, auch ohne freie Arbeits- oder Schultage.

Eine Anmerkung wert scheint zum Schluss noch eine verbreitete Erzählung über die Eltern von Maria, sie ist in der weit verbreiteten spätmittelalterlichen Sammlung der „Legenda aurea des Jacobus de Voragine“ überliefert und weist auf einen religiösen Mythos hin, der schon seit Abraham und seiner Frau Sarah bekannt ist. Irgendwie muss der Heilige Geist bei Zeugung und Geburt von Menschen, die schließlich selbst von einer Aura des Heiligen umgeben sind, seine Finger im Spiel gehabt haben. Obwohl Abraham von Engeln verkündet worden war, er werde der Stammvater eines großen Volkes werden, wollte das mit der Zeugung nicht so recht klappen, auch deswegen, weil seine Frau Sarah schon weit über das gebärfähige Alter hinaus war. Vergleichbar wird das in der Legenda aurea, die auch auf einer apokryphen Quelle beruht, von Marias Eltern erzählt. Joachim, der Vater von Maria, war ein schon recht betagter Tempelpriester, als ihm Engel erschienen, die ihm und seiner Frau Anna die Geburt eines Mädchens, also Mariens, weissagten. Als auch hier die Zeugung trotz braver Bemühungen beider nicht klappen wollte, wurde Joachim von seinem Chef, dem Oberpriester freigestellt. Traurig betete er inbrünstig und bat um göttlichen Beistand. Dieser wurde ihm, wie auch immer, gewährt und seine Frau Anna, die wohl auch schon im vorgerückten Alter war, wurde – ach Gott – an einem 8. Dezember doch noch schwanger und gebar ihrem Joachim ein wunderschönes Mädchen, das im Tempel ihres Mannes auf den beziehungsreichen Namen Maria getauft wurde. Bei Sarah und Abraham war das einst nicht so glatt gelaufen, denn Abrahams eheliche Bemühungen wollten ebenfalls nicht fruchten, so dass seine Frau auf die fast schon verzweifelte Idee kam, Abraham solle sein Glück doch mal bei der schönen Hagar probieren, einer liebenswerten Magd im Hause. Es brauchte kein himmlisches Wunder und Hagar wurde schwanger und gebar Abraham den anscheinend prophezeiten Sohn. Er bekam den Namen Ismail. Da die Wege des Herrn oft rätselhaft sind, wurde nun Sarah auch noch schwanger mit einem Söhnchen, das Isaak getauft wurde. Das alles konnte nicht gut enden. Sarah wurde eifersüchtig, wie nicht anders zu erwarten, und Abraham musste Hagar mit ihrem Sohn aus dem Hause, aus der Sicherheit bietenden Sippe, verstoßen. Die weltgeschichtliche Tragik, die sich aus diesem unseligen Verwirrspiel ergab, liegt darin, dass Ismail Stammvater der Araber und späteren Moslems wurde, Isaak dagegen der von Juden. Es nützte nichts, dass beide mit Abraham denselben Vater haben und beide somit Halbbrüder sind, dass sogar der verantwortliche Heilige Geist ebenfalls derselbe ist, nur dass er einmal Jahwe oder Gott genannt wird, das andere Mal Allah. Und um abschließend noch einmal auf die Geburt von Maria zurückzukommen: Sie blieb die reine Jungfrau ihrer tapferen Mutter, wie auch die Brüder Isaak und Ismail sicherlich großartige Kinder ihrer Eltern waren. An den Umständen ihrer jeweiligen Geburt lag`s nicht, dass die späteren Völker, die sich auf das Heil dieser unschuldigen Kinder berufen, in meist dummer Bosheit aufeinander losgehen. Der große Gott und der Heilige Geist haben offensichtlich nichts Besseres hinbekommen als die kleinen Menschlein, die oft zu blöde sind, um göttlichen Frieden zu erhalten und zu pflegen. Maria, und nicht nur ihr, sei`s geklagt.

Michaeli

Auch mit einem Erzengel lässt es sich feiern

Dreiviertel des Jahres sind vorüber und, wenn es ein gutes Jahr gewesen war, wussten die Menschen auf den Bauernhöfen, dass die immer quälenden Sorgen um das Wetter erst einmal vergessen werden konnten. Das Vieh war heil von der Alm abgetrieben, das meiste Korn trocken eingefahren und die Zwiebeln hingen gebündelt unter der Dachtraufe.

Der Winter konnte kommen und es durfte gefeiert werden, und das ganz besonders am Gedenktag eines mächtigen Erzengels. Es ist der 29. September, der beliebte Michaelistag, wo man wusste: *„Um Michaeli in der Tat, gedeiht die beste Wintersaat."* Bevor diese aber auch noch ausgebracht werden musste, gab es erst einmal Gelegenheit zum Feiern. An diesem Tag ruhte die Arbeit. Mägde und Knechte wurden sogar vom Bauern zu einem ungewöhnlich guten Essen eingeladen, so wie viele Gesellen von ihren Meistern. Dass hier die Bäuerinnen und die Frauen der Handwerksmeister wieder einmal die meiste Arbeit hatten, darf trotz allem Gender-Unsinn auch mal extra hervorgehoben werden. Na also. Nachmittags gab es in vielen Gemeinden und Städten Kirchweihfeste und die beliebten Markttage. Man möchte es kaum glauben, aber unsere heute weit über die Landesgrenzen hinaus bekannten Volksfeste, wie das Münchner Oktoberfest, der Dürkheimer Wurstmarkt oder das Cannstatter Volksfest mit seiner 26 Meter hohen Fruchtsäule, gehen auf diese Tradition zurück.

Wenn ab Michaeli die Nächte wieder länger andauern als die Tage, durfte sich das auch auf den Arbeitsrhythmus der Frauen auswirken. Nach getaner Haus- und Stallarbeit traf man/frau sich an manchen Abenden in einer der Stuben einer Nachbarin, der Kunkelstube, - nun nicht zu einer Tasse Tee oder gar zu einem Gläschen Sekt - nein, es gab für ein Vierteljahr Gelegenheiten zu gemütlichem Plausch, Snack oder Schwätzle, je nach Region. Dass dabei die an Arbeit gewöhnten Hände nicht ruhten, war selbstverständlich. Handarbeiten machten jetzt sogar Spaß, das Spinnrad drehte sich und Wollknäuel wurden gewickelt. Richard Wagner hat in seinem *Tannhäuser* mit dem *Chor der Spinnerinnen* diesem Motiv ein musikalisches Denkmal gesetzt. Wenn dann an solchen Spinn-Abenden der getrocknete Flachs in Bündeln durch ein Nagelbrett gezogen wurde, konnte dieses „Hecheln" sogar ganz spannend werden. Die Gelegenheit, in der Spinn- oder Kunkelstube nun endlich auch mal Zeit zu finden, sich über Neuigkeiten, natürlich auch anrüchige, im Dorfe auszutauschen, wurde weidlich genutzt: „Hast du schon gehört? Und die auch! Und der Sackradie!“ So oder so ähnlich wurde die Dorfgemeinschaft an solchen Abenden „durchgehechelt“, gerade so, wie der Flachs auf dem Nagelbrett. Und wenn gegen später junge Burschen die ledigen Mädchen zum sicheren Heimgang abholten, konnte Michaeli auch nachts noch ganz lustig sein.

Für seinen Lostag am 29. September galt für Michaeli die Losung: *„Der Michaelstag zündet`s Licht an.“* Die dunklen Abende kamen und die Kerzen, mit denen man immer sehr sparsam umging, oder die Tranfunzeln wurden zunehmend notwendig. Für uns heute wohl eine traumhaft romantische Stimmung in den alten Bauernstuben mit ihren niedrigen Decken, und alles oft ganz aus dunklem, grobem Holz gezimmert. Lange konnten nur noch einsame Berghütten, die über keinen elektrischen Strom verfügten, müden Bergwanderern solchen Zauber schenken. Im Mittelalter und noch in der frühen Neuzeit hätten viele sicher gern auf diese Romantik verzichtet, wenn wenigstens das Essen reichlich und die Stube warm gewesen wären. Und wenn das Vieh unruhig wurde und der Hofhund anschlug, gab`s nur die Kerze oder die verrußte Funzel vom Tisch, um sich damit draußen umzusehen, ganz zu schweigen vom nächtlichen Gang über den Hof zum stillen, aber dunklen und arschkalten Örtchen. Diesem schrecklichen „Stuhlgang“, im wahrsten Sinne des Wortes, war es zu verdanken, dass allerorten ein unentbehrlicher Haushaltsgegenstand, ein Accessoire der Schlafkammer, vor allem von Frauen und Kindern geschätzt wurde, wenn sie in der Finsternis partout nicht mehr über den Hof wollten. Es war der Nachttopf aus hell tönendem

Metall und blau gesprenkelter Emaille oder, etwa kostbarer und im Klang dezenter, ein Nachtgeschirr aus feinem Steingut mit Blümchendekor. Regional gab es für diese Bequemlichkeit die unterschiedlichsten Namen, vom Töpfchen der Preußen bis zum Häfele oder Botschamberle der Schwaben. Die allzeit anrüchige Sache bekam so wenigstens beschönigende Begriffe, vom Diminutiv des Topfes und Hafens bis zur wörtlichen Übernahme aus dem vornehmen Französisch durch die Schwaben, wenn sie einst, vielleicht von Napoleons Soldaten, etwas vom einem schön klingenden „Pot de chambre“ gehört hatten.

Bei der nächtlichen Orientierung im Hause – mit oder ohne Kerze - konnte sich jeder glücklich schätzen, der in der Dunkelheit über die steile Stiege hinauf den Weg heil zu seiner Schlafkammer fand. Hierbei habe sich, wie Ethnologen erzählen, die Gewohnheit der Landbevölkerung zum herzhaften Fluchen entwickelt. Der heilige Michael konnt`s nicht verhindern, aber verständlich, denn *sein Licht, das jetzt angezündet werden sollte*, fehlte einfach zu häufig.

Kommen wir, trotz aller dunklen Umtriebe, nun doch noch einmal zur Lichtgestalt unseres heiligen Michael zurück, dem ersten der drei Erzengel Gottes, nämlich Michael, Gabriel und Raphael. Sein Name bedeutet „Wer ist wie Gott?“ und er darf der Anführer aller Engel sein. In der kirchlichen Tradition ist er irgendwann mal als Schutzheiliger der Deutschen herausgestellt worden, weshalb diese ihm ihre Karikatur als Deutscher Michel verdanken. Leider sind fast alle Berichte über diesen Erzengel mit Gewalt verbunden, wenn auch jeweils im Auftrag seines Gottes, aber immerhin, das darf einem kritischen Beobachter, der die Friedenslehre Christi ernstnimmt, doch zu denken geben. Michael wird ikonographisch immer mit Rüstung, Lanze, Schwert und Seelenwaage dargestellt. Sein bekanntester Auftrag bestand darin, Adam und Eva aus dem Paradies zu verweisen, weil diese vom verbotenen Baum der Erkenntnis genascht hatten. Michael musste nach der Säuberung seines Himmels auch den Teufel, der vor allem die gewitzte Eva zur Versündigung angestiftet haben soll, bekämpfen. Das wird in der bildenden Kunst fast immer als Kampf gegen einen wüsten Drachen dargestellt, der schwer verwundet in seine Unterwelt zurückgedrängt wird. In diesem Sinne gilt Michael als Vorkämpfer gegen alles Böse und somit als zeitlos notwendiger Schutzheiliger. Rätselhaft nur, weshalb ihm diese von Gott zugewiesene Aufgabe gerade bei seinen geliebten Deutschen nicht immer gelingen wollte. Aber auch hier sehen wir, man sollte sich weniger auf Engel verlassen als vielmehr auf Vernunft und eine humane Ethik.

Sympathisch ist an dem ersten der Erzengel auch, dass er nicht nur mit Lanze und Schwert ausgestattet ist, sondern auch mit einer Posaune, mit der er am Tag des Jüngsten Gerichts die Toten aufwecken darf. – Also, wollen wir an Michaeli theologisch nicht zu kritisch mit unserem schönen Engel umgehen und dafür die bäuerlichen Dankfeste feiern, wie sie fallen, ob in Bayern, Schwaben oder der Pfalz mit einem Bier aus Hefe, Getreide, Wasser und Malz – Gott erhalt`s.

Der 9. November –

und der hat ein Gedenken wirklich verdient

Den Fall der Berliner Mauer am 9. November 1989 hat jeder noch in lebhafter Erinnerung. Selten wohl sind direkte Bilder im Fernsehen so emotional verfolgt worden wie damals von diesem Ereignis. „Unglaublich" wird dabei der häufigste Kommentar gewesen sein, auch von Menschen, die sich ansonsten weniger um die Tagespolitik kümmern. In einem gleichsam revolutionären Überschwang der Stimmung von protestierenden Ostberlinern (*„Wir sind das Volk", „Deutschland einig Vaterland"*) war die Mauer in unbändigem Jubel erklommen worden. Bilder dieser vor Glück überwältigten Menschen lösten andere ab, von hilflosen Grenzern und ratlosen Vopos, die wenige Minuten zuvor noch unerbittliche Wächter der Mauer, ihrem „antifaschistischen Schutzwall", gewesen waren. Kleine Trabis drohten im Trubel des Andrangs über die Grenze erdrückt zu werden, zusammen mit ihren Insassen, die ihr Glück nicht fassen konnten. Und Sektflaschen machten die Runde, von Hand zu Hand, von Mund zu Mund. Menschen lagen sich glücklich und weinend in den Armen.

Was war geschehen? Wenige Minuten vor dem weltpolitischen Dammbruch hatte das Politbüro-Mitglied Günter Schabowski, man möge ihm ein Mauerstück mit goldenen Lettern widmen, in einer Direktübertragung einer Pressekonferenz verwirrt und etwas hilflos stammelnd die Frage eines Journalisten bejaht, ob die Grenze zu Westberlin nun tatsächlich offen sei. Und das reichte, um ein imperialistisches Weltreich zu Fall zu bringen[14], unter dessen Trümmer an diesem Abend erst mal die Grenzanlagen der DDR gerieten und schließlich das ganze verlogene System, das sich vollmundig „entwickelter Sozialismus“ nannte. Und das Wunderbarste an diesem 9. November war, wie dann auch in den folgenden Monaten des Umbruchs: Es gab keine blutige Revolution, kein Schuss fiel, fremde Soldaten[15] durften in ihre Heimat abziehen. Und noch eleganter: Einheiten der „feindlichen“ NVA wurden mit Uniformen des westlichen „Klassenfeindes“, der Bundeswehr, eingekleidet und dann mit Sold- und Rentenanspruch feierlich auf Demokratie, Freiheit und Rechtsstaat vereidigt. Solch eine Revolution soll uns einer mal nachmachen!

Wenn dieser 9. November das einmalige Datum wäre, das in glücklichem Erinnern die deutsche Geschichte ziert, wäre alles gut. Aber nein. Es gibt zu diesem Tag auch anderes zu vermelden, leider auch wenig Gutes.

So starb am 9. November 1848 der deutsche Revolutionär Robert Blum vor rauchenden Mündungen eines Erschießungskommandos in Wien. Ein trauriges Signal für das sich schon anbahnende Ende der ersten demokratischen Revolutionsbewegung in Deutschland und Österreich.

Was war passiert? Nicht nur die berühmten Schlagworte der Französischen Revolution von 1789 nach „Egalité, Fraternité und Liberté“ machten in Europa die Runde, sondern auch politische und soziale Forderungen einer in Not geratenen Bevöl-

---

[14] Auflösung der Sowjetunion am 26. 12. 1991 und Beginn des Zusammenbruchs des Ostblocks

[15] Alle russischen Soldaten verließen Ostdeutschland mit Familien und Gerät bis 1994

kerung, die vor allem mit den Umbrüchen einer sich zunehmend entwickelnden industriellen Revolution zu kämpfen hatte. Dazu kam das Vorbild Frankreichs als geschlossene Nation für ein total zersplittertes Deutschland, oder was nach der Auflösung des einst stolzen „Heiligen römischen Reiches deutscher Nation“ seit 1803 noch übriggeblieben war. Das deutsche Bildungsbürgertum organisierte sich, vorne weg sich laut gebärdende Studenten und forderte in vielen Demonstrationen die heute noch gültigen Grundwerte von Demokratie, Freiheit und Einheit. Da der ganze europäische Adel, der österreichische Kaiser, die deutschen Könige und Fürsten durch Napoleons Machtpolitik völlig verunsichert waren, schien vielen Aufrührern eine Revolution wie 1789 in Frankreich *die* Chance. Badische Gruppen taten sich besonders hervor und bildeten revolutionäre Bürgerwehren, was wie eine Zündschnur in allen deutschen Landen wirkte. Nach ersten Erfolgen und einem einknickenden Adel wurden Abgeordnete berufen, die sich als „Frankfurter Nationalversammlung“ in der dortigen Paulskirche zu einem hoffnungsvollen Bürgerparlament zusammenfanden. Die Reden, die dort gehalten wurden, zählen heute noch zu den geistigen Fundamenten unserer Demokratie. Und in dieser politischen Euphorie wollte man auch die österreichischen Revolutionäre unterstützen, die schon in ernste Kämpfe mit Kaiserlichen in und um Wien verwickelt waren, und schickte eine kleine Delegation mit Robert Blum als Wortführer. Blum überbrachte die offizielle „Sympathieadresse“ leider nicht mit einem Blumenstrauß, sondern ließ sich anwerben als Kommandant einer Bürgerkompanie, die sofort in Kämpfe mit kaiserlichen Truppen verwickelt wurde. Wie später auch in Deutschland hatten die spontan zusammengestellten Bürgerwehren gegen die Berufssoldaten keine Chance und wurden schließlich überall besiegt. Blum musste sich am 4. November den Kaiserlichen ergeben. Schon vier Tage später wurde mit ihm echt „kurzer Prozess“ von nur zwei Stunden gemacht. Es sollte kein juristisches Ruhmesblatt der Österreicher werden. Sogar die eingeforderte Immunität Blums als Abgeordneter der Paulskirche wurde missachtet. Das Urteil lautete „Tod durch den Strang“. Weil aber in den Bürgerkriegswirren so schnell kein bestallter „Freimann“ gefunden werden konnte, also kein staatlich anerkannter Henker, wurde das Urteil in das „ehrenwertere“ Erschießen abgeändert. Egal, das Ergebnis war dasselbe. Die letzten Worte von Robert Blum waren dagegen wirklich aller Ehren wert, wenn er noch rufen konnte: *„Ich sterbe für die deutsche Freiheit... Möge das Vaterland meiner eingedenk sein.“* Und diesem Wunsch kommen wir heute gerne nach.

Ein Seitenblick in die deutsche Revolutionsgeschichte gibt den Blick frei für eine ganz ähnliche Tragödie, leider nun nicht an einem 9. November: Während der Bauernkriege, die sich damals schon gegen die Adelsherrschaft richteten, wurde 1526 der schwäbische Maler Jerg Ratgeb in Pforzheim gevierteilt, das heißt, sein Körper wurde von vier Pferden, angeschirrt an seinen Händen und Füßen, zerrissen. Und was war damals passiert? Wie Robert Blum wollte Ratgeb seine Bauern nur mit Worten unterstützen, wurde dann aber von diesen genötigt, sie als Anführer in Kämpfen gegen die auch damals „Kaiserlichen“ zu unterstützen. Beide Revolutionen wurden niedergeschlagen, beide endeten blutig und beide hatten mit Blum und Ratgeb ihre demokratischen Märtyrer.

Ähnlich wie die damaligen Bauernkriege 1524/26 scheiterten dann auch mit der blutig endenden Märzrevolution von 1849 in Berlin die Unruhen einer noch unreifen Volksbewegung. So wurden viele Abgeordnete der Paulskirche, des ersten deutschen Bürgerparlaments, verhaftet oder mussten ins Ausland fliehen, obwohl oder weil sie einen interessanten Verfassungsentwurf vorgelegt hatten. Dieser sollte sogar – man höre und staune - 1949 eine Art Blaupause für unser Grundgesetz werden!

Von den „basisdemokratischen" Forderungen, wie wir es heute ausdrücken könnten, blieb nicht viel übrig außer emotionale Hoffnungen auf ein „einig deutsches Vaterland". Dieses wurde dann wenige Jahre später, allerdings aus rein machtpolitischen Gründen, 1871 gleichsam von oben zusammengeschustert. Nach dem Sieg bei Sedan über die Franzmänner organisierte Bismarck die Ungeheuerlichkeit, im „Schlafzimmer" der Franzosen, im Spiegelsaal von Versailles, den preußischen König als Kaiser „der Deutschen" ausrufen zu lassen. Er wurde damit Kaiser des „Zweiten Deutschen Reiches" nach dem Zusammenbruch des ersten 1803/06, des tausendjährigen „Heiligen Römischen Reichs Deutscher Nation".

Und da nähern wir uns mit demokratisch verstohlenem Schauder schon dem dritten Jahrestag unseres 9. November, der indirekt eine Folge dieser preußischen Revolution von oben war. Es wird der der Novemberrevolution von 1918 sein. Außer dem nationalen Pathos war von der Revolution von 1848 ja nicht viel übriggeblieben, das aber hatte gereicht, um mit Pauken und Trompeten in den Ersten Weltkrieg 1914 zu taumeln. Im Laufe der vierjährigen mörderischen Kämpfe wurde dann aber vielen mit Schrecken klar: So kann es nicht weitergehen, weder in den Schützengräben, noch im kaisertreuen Generalstab. Als erste meuterten Matrosen der Kieler Flotte, als sie schließlich zum „letzten Gefecht", einem „ehrenhaften" Untergang, auslaufen sollten. Der Funke sprang über und an allen Fronten drohten Revolten der Soldaten. Außerdem kam es in den letzten Kriegsmonaten überall an der Heimatfront zu Streiks der Arbeiter. Alle wollten ein Ende des sinnlos gewordenen Blutvergießens. In dieser Situation wurde dem Kaiser, der sich in der Zwischenzeit auch beim Generalstab zeigte, nahegelegt zurückzutreten. Dass das alles nicht ohne Widerstand ablief, ist verständlich, aber egal, es geschah an unserem denkwürdigen 9. November des Jahres 1918. In Berlin hatte gleichzeitig Philipp Scheidemann (MSPD[16]) von einem Reichstagsfenster aus einer Volksmenge zugerufen: „Es lebe die deutsche Republik!". Und diese formte sich tatsächlich in den nächsten Monaten unter heftigen Geburtswehen, sprich unter revolutionären Straßenkämpfen zwischen linkem Spartakusbund und rechten Freikorps. Und über allem das Damoklesschwert einer bösen militärischen Niederlage. Diese wurde dann mit dem unglücklichen Versailler[i] Friedensvertrag eine weitere tödliche Belastung der eigentlich hoffnungsvollen, nun echt demokratischen „Weimarer Republik". Und im Hinblick auf unser Thema: Auch der 9. November wird ihr zusetzen.

Nachdem die kommunistischen Anführer Rosa Luxemburg und Karl Liebknecht von Freikorpsmännern heimtückisch ermordet worden waren, blieb die Straße meist ein Ort rechter Berufsdemonstranten. In dieser Atmosphäre kam es am 9. November 1923 in München zu einem Putschversuch gegen die parlamentarische Ordnung. Ein frustrierter und entwurzelter Weltkriegsgefreiter hatte Tausende Anhänger um sich scharen können und versuchte, in einem „Marsch auf Berlin", zum

---

[16] Mspd (Mehrheits-Sozialdemokraten)

Glück reichte dieser nur bis zur Münchner Feldherrnhalle, die noch junge Regierung gewaltsam zu stürzen. Als Vorbild dienten ihm die italienischen Faschisten, denen mit Mussolini bei ihrem „Marsch auf Rom" ein ähnlicher Coup gelungen war. Doch es nützte nichts. Bayrische Polizisten stellten sich dem Zug tapfer entgegen und eröffneten, nachdem sie selbst beschossen worden waren, das Feuer. Weniger tapfer verhielt sich dann der Anführer, mit dem damals noch weitgehend unbekannten Namen Adolf Hitler. Bei der Flucht war er in den Rinnstein gestürzt und hatte sich den Arm ausgekugelt, was ihn nicht daran hinderte, sich wenig heldenhaft in der Wohnung einer Bekannten zu verkriechen. Seinen Kameraden Hermann Göring hatte es schlimmer erwischt. Ihm wurde das linke Ei, oder war es das rechte? zerschossen. Trotzdem konnte er noch in die Schweiz entweichen, wo ihm – man kann es gut verstehen – mit viel Morphium die Schmerzen gelindert wurden. Alles gut oder auch nicht, denn seit dieser Zeit war der spätere stolze Reichsmarschall Morphinist, also meistens irgendwie high. Der Dritte und Vierte im Bunde unseliger Anführer waren Heinrich Himmler und Rudolf Hess, die wohl am ehesten mannhaft geblieben waren, weshalb ihnen Hitler später besonders vertraute. Doch das wäre eine andere Geschichte. Hier endet auf jeden Fall erst einmal unser erster echt unrühmliche 9. November als Hitlerputsch von München.

Ein halbes Jahr moderater „Festungshaft" bei guter Vollpension, auch für die insgesamt 25 ebenfalls verurteilten Stoßtruppler, hinderte diese nicht, ihre Pläne weiter zu verfolgen, die ihnen verhasste Demokratie der Weimarer Republik doch noch zu Fall zu bringen. Dass dies ab dem 30. Januar des Jahres 1933, als Hitler Reichskanzler wurde, Knall auf Fall gelang, ist leidlich bekannt. Und wie sollte da unser 9. November unbeschadet überdauern? Er tat es nicht. Fünf Jahre später erwischte es ihn mit einem erschreckenden Fanal: Es wurde die „Reichskristallnacht" von 1938. Dass Nazis über sie ihre Witze rissen, weil in dieser Nacht vor allem von der SA viele Glasscheiben jüdischer Wohnungen, Geschäfte und Synagogen zertrümmert wurden, machte das Entsetzen darüber nicht besser. Heute wissen wir: Damals sind nicht nur Teile der jüdischen Kultur zu Bruch gegangen, sondern auch Grundwerte der deutschen. Ab dieser Brandnacht setzte sich die staatlich organisierte Verfolgung, mit Lagerhaft und schließlich fabrikmäßiger Ermordung von Juden unaufhaltsam in Gang. Waren es an diesem Unglückstag „nur" wenige hundert Menschen gewesen, die ermordet wurden, sollte ihre Zahl bis zum Ende der Nazi-Diktatur 1945 auf über unvorstellbare 6 000 000 anwachsen. Verschämt und hilflos haben wir diesen 9. November 1938 als Tag nationaler Schande umbenannt in „Reichspogromnacht", was die Tragödie aber auch nicht besser macht.

Aber der 9. November alleine konnte nichts dafür.

Martinstag

Ein halber Mantel und eine Viertel Gans

Mit welchem Ernst dürfen Kinder, auch die jüngsten, an der Hand ihrer Eltern, jedes Jahr am Abend des 11. November im örtlichen Martinszug mitlaufen und ihre bunten Laternen mit aller Vorsicht vor sich her tragen: *„Brenne auf mein Licht, brenne auf mein Licht, aber nur meine liebe Laterne nicht"* ertönt dann der schönste Chor feiner Stimmen. Besonders romantisch darf der Lichterzug sein, wenn ihn ein Reiter anführt, der einen ungewöhnlich weiten und roten Umhang trägt. Das Ziel des Umzugs ist oft ein aufgerichteter Holzstoß, den tags zuvor größere Kinder, vielleicht vom CVJM, an geeigneter Stelle aufgerichtet hatten.

Unter weiterem Gesang, nun auch kirchlicher Lieder, erzählt dann der Priester, der den Zug begleitet, die schöne und bewegende Geschichte des heiligen Martin. Sie gehört deswegen zu den bekanntesten Heiligenlegenden, die auch weniger fromme Kirchgänger in ihrem Wesenskern kennen. Wer als Kind an solchen Martinsumzügen teilnehmen durfte, wird sich später mit Freude daran erinnern, wenn man in einem Museum oder in einer mittelalterlichen Kirche ein beeindruckendes altes Ölgemälde zu dieser Geschichte sieht: Ein stolzer römischer Reiter teilt seinen Umhang mit dem Schwert und reicht einen Teil davon einem frierenden Bettler. Und die Aussage, die einst der Priester in eindringlicher Ernsthaftigkeit am nächtlichen Martinsfeuer entwickelte, ist auch für jeden verständlich und leicht nachzuvollziehen: Zeige ein großes Herz, gerade wenn es dir gut geht, und teile mit den Ärmsten der Welt. Welch schöne Botschaft, welch sympathischer Heiliger!

Martin wurde als Sohn eines römischen Militärtribuns um 316 oder 317 in Ungarn geboren. In noch jugendlichem Alter von 15 Jahren kam auch er zum Militär. Sein Vater konnte es vermitteln, dass er kein Fußsoldat wurde und dort nagelbesohlte Sandalen mit 25 Kilo Gepäck auf dem Rücken durchlaufen musste. Martin durfte zur Kavallerie, ein Privileg für Soldaten, bis über den Ersten Weltkrieg hinaus. Aber wohl schon der Ritt von Ungarn, quer durch Süddeutschland bis nach Paris, wo er lange stationiert war, muss trotz aller Bequemlichkeit, das alles nicht laufen zu müssen, keine soldatische Begeisterung bei ihm ausgelöst haben. Er fügte sich dem legendären Drill römischer Legionäre, wurde sogar Offizier, hatte dann aber immer weniger Lust, sich vor allem mit den aufmüpfigen Alemannen herumzuschlagen, die über den Rhein zurückgedrängt werden sollten. Außerdem hatte er im Lager völlig befremdliche Erzählungen gehört über einen Wanderprediger aus Judäa, die überhaupt nicht in seine augenblickliche Welt passen wollten: Keine Gewalt, kein Reichtum, keine Heldentaten. Und dann: Kein römisches Imperium voll Ruhm, sondern ein Gottesreich der Gnade! Wie sollte ein junger Soldat Roms damit zurechtkommen? Martin jedenfalls kam nicht zurecht. Er schrieb ein Entlassungsgesuch mit der Begründung, er fühle sich zunehmend als Soldat Christi und nicht des Kaisers. Dass der Kaiser, es war Julian Apostata (331-362), darüber nicht begeistert war, lag nicht nur an der Pflicht für Berufssoldaten, 25 Jahre dienen zu müssen, sondern vor allem an einem politisch-persönlichen Problem des Kaisers. Julian hatte dem christlichen Glauben den Rücken gekehrt, weshalb er von Christen „Apostata" genannt wurde, der „Abtrünnige". Somit hatte Martin bis zum offiziellen Entlassungstag im Jahre 356 seinen Dienst mit zunehmend schlechtem Gewissen absitzen müssen, wenn auch zuweilen ganz kommod auf einem Pferd. Seinen Kameraden, die mit ihm den Legionärsdienst quittierten, ging das gerade ganz anders, freuten sie sich doch auf die staatlich versprochenen Landzuweisungen, die langgedienten Veteranen zustanden. Und zwischen Paris und dem Rhein, der Grenze zu den immer noch aufmüpfigen Alemannen und Sueben, gab`s Land genug, denken wir nur an das schöne Elsass mit seinem schon damals guten Edelzwicker (*„cviccus honorius" te salutat*), den kein echter Römer verschmähte. Doch unseren in der Zwischenzeit ganz fromm gewordenen Martin reizte das alles nicht, im Gegenteil. Er trank Wasser, verschenkte Ross und Waffen und spendete seinen letzten Sold an seine Kameraden für einen Umtrunk auf sein Seelenheil. So oder so ähnlich wird`s wohl gewesen sein. Sicher überliefert ist dagegen, dass er eine Zeit lang als Einsiedler auf einer kleinen Insel im Golf von Genua lebte. Dafür, dass umwohnende Hirten ihn mit dem Nötigsten versorgten, betete er für sie und spendete christlichen Segen. Die armen Leute konnten das sicher gut gebrauchen.

Martin fühlte sich aber auch zu Größerem berufen, was nicht verwunderlich ist, war er doch über 25 Jahre verantwortungsvoller römischer Offizier gewesen, da macht man sich nicht einfach vom Acker und stirbt als frommer Eremit in einem feuchten Felsenloch weitab vom Schuss. Nach vier Jahren kehrte er im Jahre 360 nach Gallien Richtung Paris zurück, das er während seiner Militärzeit ja gut kennengelernt hatte. Und jetzt wird`s offiziell: Schon ein Jahr später gründete er die Abtei de Ligurge bei Poitiers und damit das erste Kloster des Abendlandes. Dort wurde er zum Priester geweiht. Seine ehrliche Frömmigkeit und seine weiterhin asketische Lebensweise machten ihn so populär, dass man ihn bat, doch Bischof zu werden, und das im nahen Tours. Aber er zierte sich, weswegen ihn eines Tages eine Delegation abholen wollte. Und jetzt wird`s wieder volkstümlich. Als die hohen Herren schon im Hause waren und nach ihm fragten, fiel ihm wohl nichts Besseres ein, als sich im Gänsestall hinter dem Klostergarten zu verstecken. Da wir uns noch im Dunstkreis der römischen Geschichte befinden, wird schnell klar, was passierte: Die Gänse schnatterten aufgeregt und verrieten dadurch ihren ungewohnten Gast. Ganz ähnlich war es den Kelten ergangen, als sie 387 v. Chr. verängstige Römer auf dem Kapitol angreifen wollten. Gänse der Göttin Juno schnatterten nachts besonders laut und verrieten die Kelten, so dass sich die Römer dort noch rechtzeitig zur Verteidigung bereit machen konnten. Rom wurde dennoch geplündert, der Freikauf teuer („wehe den Besiegten!“), aber die Geflüchteten auf dem Kapitol waren gerettet – dank der göttlichen Gänse. Und solche waren es auch, die den hier noch nicht heiligen, aber deutlich verschmutzten Martin in seinem Versteck verrieten. Es half ihm nichts, er musste mit und wurde im Jahr 372 dann tatsächlich Bischof von Tours.

Dieser Gänsestall-Episode verdanken wir es, wenn wir um den 11. November herum Freunde zum beliebten Martinsgans-Essen einladen. Dieses Datum hat zwei Bezüge, zum einen ist es Martins Beerdigungstag, zum anderen war „Martini" in früheren Zeiten ein Zins-Tag, an dem Schulden abgestottert wurden, meist in Form von Naturalien. Gänse sind in dieser Jahreszeit schlachtreif und sollen nicht durch den Winter gefüttert werden. Da bot es sich an, bei den Herren mit einem verlockenden Sonntagsbraten einiges abbezahlen zu können. Und heute genießen wir die Martinsgans mit Rotkraut und Kartoffelklößen auch ohne ein frommes Gedenken an unseren liebenswerten Heiligen und vor allem ohne Sorgen, Schulden bis zum 11. 11. begleichen zu müssen. Manchmal ist es ganz gut, wenn man nicht so viel über diese Dinge nachdenkt und unbeschwert *nur* genießen darf.

An diesem 11. November soll man sich auch allgemein an frohe Zeiten erinnern. In allen Ländern wird um diese Zeit Erntedank gefeiert und das mit und ohne Feuerzauber. Bäcker bieten ihren Kunden mancherorts Martinsgänse und Martinsbrötchen aus Hefeteig an, die mit anderen geteilt werden können. Sogar im eher protestantischen Norddeutschland hat sich diese Tradition eingebürgert, wenn dort aus Rosinenteig *Weckmänner* und *Stutenkerle* gebacken werden. In eher katholisch geprägten Regionen waren diese kulinarischen Genüsse auch immer ein liebgewonnenes Relikt aus den Zeiten, als man sich vor der beginnenden Fastenzeit noch einmal was Gutes gönnen wollte. Seit Mitte des 20. Jahrhundert berufen sich sogar die Narren auf diesen Tag, da er nach ihrer Meinung die nun beginnende fünfte Jahreszeit der Narretei einläutet. Na ja, der heilige Martin konnt`s nicht verhindern.

In Frankreich und England gibt`s einen Martinstag allerdings ganz ohne unseren Martin, dafür aber mit großem nationalem Pathos, hatten diese beiden Nationen im Ersten Weltkrieg das kaiserliche Deutschland zu einem Waffenstillstand gezwungen, der das Ende des schrecklichen Blutvergießens bedeuten sollte. Dessen Unterzeichnung fand im Wald von Compiègne[17] in einem Eisenbahnwaggon statt – und zwar in der 11. Stunde des 11. Tages des 11. Monats 1918. Das hätte vielleicht sogar dem heiligen Martin gefallen können, wenn dieses Datum nicht auch ganz unselige Folgen gehabt hätte. Nicht nur dass der Friedensvertrag alles andere brachte als echten Frieden, sondern Hitler setzte noch einen drauf und ließ diesen unschuldigen Eisenbahnwaggon aus einem französischen Museum holen, um darin die 1940 besiegten Franzosen ihre Kapitulation unterzeichnen zu lassen, und das wieder in Compiègne – nur nicht am 11. 11. Aber das wäre dann doch eine zu große Versündigung an unserm liebenswerten Sankt Martin gewesen. Nur, das ist dann doch eine andere Geschichte.

Auf einer seiner zahlreichen Missionsreisen mit vielen Wunderheilungen starb Martin in Frieden am 8. November des Jahres 397, wurde dann mit einem Boot auf der Loire nach Tours gebracht, um dort – nun tatsächlich an einem 11. November – beerdigt zu werden. Als Schutzpatron unter anderem für Soldaten, Polizisten, Bettler und Narren hat er allerdings bis heute viel zu tun, wenn er nicht gerade fürs Wetter zuständig ist:

---

[17] Ort der bewussten Demütigung Deutschlands und Rache für 1871

- *Hat Martin einen weißen Bart, wird der Winter lang und hart.*
- *An St. Martin Sonnenschein, tritt ein kalter Winter ein.*
- *Wenn an Martini Regen fällt, ist`s um den Weizen schlecht bestellt.*

Und hier wird deutlich, der Martinstag ist bei der ländlichen Bevölkerung bis heute ein ernstgenommener „Lostag“, über die wir schon in einem extra Kapitel lesen konnten.

Hubertustag

Ein Halali für den Naturschutz

Mit einem herzhaften „Prost“ darf am 3. November einer der letzten Lostage des Jahres begrüßt oder, besser noch, verabschiedet werden, natürlich stilvoll mit einem echten „Jägermeister“ und seinem Logo, dem Hirsch und dem bekannten Kreuz zwischen den Geweihstangen. Und da wird schon deutlich, dieser gute Likör schmeckt nicht nur an regnerischen Novembertagen, er muss auch eine irgendwie heilende und damit wohl sehr gesunde Wirkung haben. Dem heiligen Hubertus sei ein herzhafter Marketing-Dank!

Beruhigende oder warnende Bauernregeln benötigte der Hubertustag nicht mehr, waren doch die eher ängstlichen Tage vorüber, an denen man sich leider nie ganz umsonst Sorgen gemacht hatte über Wohl und Wehe des Viehs und das Gedeihen und Ernten der Feldfrüchte. Zum Jahresende hin konnte nun ein neues Kapitel im bäuerlichen Jahreskalender aufgeschlagen werden, es war die Zeit der Schlachtungen. Die Martinsgänse warteten ahnungslos schnatternd auf „ihren“ Namenstag am 11. November, wie wir im letzten Kapitel lesen konnten. Auch anderes Geflügel hatte langsam ausgeflattert, denn man konnte nicht die ganze Schar, die dem Hof so viel Leben geschenkt hatte, über den Winter durchfüttern. Die Stallhasen hatten mehr Glück, denn eine Hand voll dürres Gras oder duftendes Heu gab`s immer, jedenfalls bis in die späten Wintertage hinein. Dann wurde auch Schnupperle das Fell über die Ohren gezogen.

Und das alles hat nun auch mit unserem Sankt Hubertus zu tun, der bekanntermaßen der Schutzheilige der Jäger und

Schützen ist, aber auch der Kürschner und Metzger. Dass unter seinem Schutz ebenso Optiker und Mathematiker stehen, erscheint etwas rätselhaft. Bei den Optikern lässt sich das vielleicht so erklären, dass sie für ein scharfes Augen sorgen, wenn der Blick des Jägers über Kimme und Korn einen schönen Hirsch erfasst. Für die Mathematiker kann ich mir leider überhaupt keinen Reim über Hubertus` Schutzfunktion machen, für die Kürschner und Metzger dagegen schon. Aber dazu müssen wir uns erst einmal vergegenwärtigen, wie aus einem anfänglich völlig gedankenlosen Nimrod, den allein der Spaß an der Jagdleidenschaft antrieb, ein besonnener Waidmann wurde. Als Hubertus wieder einmal nur was abknallen wollte, wie wir es heute ausdrücken würden, erschien ihm ein stattlicher Hirsch, nun aber total irritierend mit einem leuchtenden Kreuz zwischen den Geweihstangen. Dieser Schock bewirkte, dass Hubertus, bis dahin auch noch stolzer Pfalzgraf, seine Flinte, die er leider noch gar nicht besitzen konnte, zwar nicht ins Korn warf, dafür aber Armbrust und Saufeder noch in der gleichen Nacht an seine Jagdgehilfen verschenkte und dann sein Leben völlig änderte. Er ließ sich erst mal taufen und wurde so aus einem Heiden, einem Wilden, ein zivilisierter Christ. Aber nicht genug damit. In einer Einsiedelei reinigte er sich gleichsam von seinen Sünden, sprich Hochmut und verantwortungslosem Umgang mit der Natur. Und da sind wir schon beim Thema, bei einem, das heute nicht aktueller sein könnte. Hubertus verstand sich seit dieser Zeit als Heger des jagdbaren Wildes und als Bewahrer der Natur überhaupt. Er sah die Tiere, nicht nur die der Jagd, sondern auch die der Hofhaltung, als Gabe der Natur, als Geschenk Gottes. Deutlich wird diese Haltung in einer Tradition, die auf Hubertus zurückgeht, wenn in einem Ritual ein junger Jäger, der sein erstes Wild erlegt hat, von seinem Jagdherrn ermahnt wird:

Nimm du Gsell den grünen Bruch
und beherzige Hubertus` Spruch.
Das ist der Jäger Ehrenschild,
dass er beschützt und hegt sein Wild.
Waidmännisch jagt, wie sich`s gehört,
der den Schöpfer im Geschöpf verehrt.

Der „grüne Bruch“ war von einem nahen Baum abgebrochen, ehrfurchtsvoll mit ein wenig Blut des geschossenen Tieres benetzt und dann in bescheidenem Stolz an den Hut des Schützen gesteckt worden. Ein Brauch, der bis heute von den Jägern gepflegt wird. Dahinter steckt natürlich ein viel älterer Kult, der Natur einen Teil der Beute zurückzugeben, als Opfer für die Tiere, an denen man sich gerade „versündigt“ hat. Während der Christianisierung wurden solche Brauchtümer dann in die Aura des Heiligen Geistes erhoben, hier in Gestalt unseres heiligen Hubertus. Ergreifend wird die Feier des Jagderfolges, wenn die „Strecke“ der in Reih und Glied nieder gelegten Tiere noch im Wald mit einem Halali der Jäger und ihren Hörnern „verblasen“ wird. Es gilt dann auch schon als Einladung für den Gottesdienst am Hubertustag in der örtlichen Kirche, wenn die Jagdhörner den Gottesdienst begleitend wieder ertönen dürfen. Dort werden gelegentlich auch Brot, Salz und Wasser geweiht sogar zum Schutz vor Hundebissen und neuerdings auch vor Tollwut. Damit wurde St. Hubertus auch noch für die Gesundheit der Hunde ein nützlicher Heiliger. Wow.

Wichtiger erscheint aus aufgeklärter Sicht allerdings wohl eher, dass der heilige Hubertus sich auch um Kürschner und Metzger sorgt, was in der heutigen Zeit der Tierschützer, Vegetarier und Veganer durchaus betont werden darf. So wie eine verantwortungsvolle Jagd für Christen trotz Hubertus` frommer Wandlung keinen Widerspruch darstellt, ist auch die Schlachtung und die Verwendung tierischer Produkte, hier besonders von Fleisch, Leder und Pelzen, erlaubt, wenn das alles im Sinne des Heiligen und seiner Wertschätzung der Tiere verstanden wird. Ob das allerdings eingefleischte Vegetarier oder gläubige Veganer vom Genuss tierischer Produkte ganz abhalten wird, darf auch der heilige Hubertus bezweifeln. Bezweifeln darf er demgegenüber aber auch, dass das Tierwohl in der Haltung wie im Schlachthof immer fromme Berücksichtigung findet. Die Menschen können es ihren Heiligen halt nie ganz recht machen.

Der historische Hubertus wurde nach seiner Wandlung zum Tier- und Naturschützer im Jahr 705 Bischof von Lüttich und ließ dort einen Vorgängerbau der heutigen prachtvollen Kathedrale bauen. Er wurde berühmt wegen seiner Fürsorge und Mildtätigkeit und somit ein echter Heiliger. Pech hatte er nach seinem Tode nur noch mit seinen Gebeinen. Nachdem sie wohl keine angemessene Begräbnisstätte gefunden hatten, wurden sie von Verehrern am 3. November 743 wieder ausgegraben, um sie in einem prächtigen Reliquienschrein anbetungswürdig zu verwahren. Und dieser schöne Schrein fiel unglücklicherweise radikalen Bürgern der französischen Revolution in die zerstörerischen Hände, so dass die Gebeine des Heiligen seitdem als verloren gelten. Damit blieb nur das Datum des 3. November als Namenstag übrig, aber damit doch ein Tag , der dem Tier, der Natur und unserer Umwelt gewidmet sein darf, wenn wir respektvoll und bescheiden mit den Gaben Gottes umgehen. In diesem Sinne sei dem heiligen Hubertus durchaus mit herzhaftem Prost bei einem gesunden „Jägermeister“ und einem ergreifenden „Halali“ gedankt.

Barbaratag –

aber auch Katharina und Margareta haben ihre Tage

Barbara, Katharina, Margaretha von Hans Murer d. Ä. Staatliche Kunsthalle Karlsruhe

Mit dem 4. Dezember beginnt die besonders „dunkle“ Zeit des Jahres, die in der bäuerlichen Welt des Mittelalters mit der heidnischen Borbeth, der „dunklen“ der drei germanisch-keltischen Bethen, verbunden war. Sie war für Sterben und Tod zuständig, weswegen wir bis heute dunkle Trauerkleidung tragen. Während der Christianisierung, als die heidnischen Gottheiten verdrängt werden mussten, kam Priestern die Idee, diese Borbeth nicht zu verteufeln, sondern sie durch eine passende Heilige aus ihren Reihen zu ersetzen. Und hier bekam die heilige Barbara ihren Platz zugewiesen, was die sicher sehr skeptischen Germanen wegen des Gleichklangs der Namen auch überzeugen sollte. Und die neue Religion hatte noch einen Trumpf im Ärmel, denn Barbara war nicht nur für einen gnädigen Tod zuständig, sondern auch für die Hoffnung auf neues Leben. Und dazu haben die fremden Priester sicher etwas von einem gekreuzigten Gottessohn erzählt, der nach drei Tagen wieder von den Toten auferstanden sei. Weil das bei unseren Altvorderen wohl eher Stirnrunzeln ausgelöst haben mag als frommes Erschauern, musste eine verständlichere Erzählung her. Die heilige Barbara war demnach eine schöne junge Frau in der Türkei mit einem reichen Vater, der sie gut verheiraten wollte. Weil sie sich aber sträubte, schloss sie der wütende Vater in einen Turm ein. Als ihr die Flucht gelang, versteckte sie sich in einem Felsen, der sich vor ihr auftat, doch es half nichts, und sie musste erfahren, was es bedeutet, in einer archaischen Kultur dem Oberhaupt der Familie nicht zu gehorchen. Barbara wurde wieder in ihr Turmverließ gesperrt. Auf dieser sicherlich nicht gerade zimperlichen Rückführung blieben ihr einige Zweige, wohl von einem Kirschbaum, an dem sie sich vielleicht festklammern wollte, in den Händen. Engel brachten der wieder Eingeschlossenen einen Kelch mit einer Hostie, so dass sie die Kommunion erhalten konnte. In das geweihte Wasser, das sicherlich in dem Kelch übriggeblieben war, stellte Barbara die Zweige – und siehe da, sie blühten an ihrem Sterbetag auf. Dass sie von ihrem Vater eigenhändig enthauptet worden sein soll, gibt der schönen Legende leider eine unschöne Wende, auch wenn der Vater noch von einem Blitz getroffen wurde. Wie aber hätte Barbara sonst eine echte Märtyrerin werden können? Den Germanen hat diese Geschichte sicher gut gefallen, auch wenn sie mit

Engeln, Kelch und Weihwasser noch nicht viel anfangen konnten.

Egal, die Heiligenlegende hat sich gehalten, und zwar bis zum heutigen Barbaratag am 4. Dezember, an dem heiratswillige Mädchen vor Sonnenaufgang Kirschzweige schneiden. Sind solche gerade nicht zur Hand, dürfen es auch andere Zweige sein, zum Beispiel von der Forsythie. Blühen diese eingestellt in Wasser bis Weihnachten, bedeutet das Glück, es könnte unter Umständen im nächsten Jahr sogar mit einer Hochzeit im Hause gerechnet werden. Dass in dieser Auslegung die Legende geradezu gegen den Strich gebürstet wird, da die fromme Jungfrau von damals ja *nicht* heiraten wollte, sollte eine mögliche Vorfreude heiratswilliger Mädchen nicht trüben. So genau muss man/frau das alles ja gar nicht mehr nehmen.

Bildliche Darstellungen der heiligen Barbara zeigen sie mit einem Turm und einem Schwert, was ihr Martyrium symbolisiert, aber auch mit Kelch und Hostie, mit denen ihr Engel die Gewissheit für ihr Seelenheil schenkten. Davon abgeleitet ist sie dann auch die Patronin für Turmbauer, Bauberufe und Gefangene. Die Bergleute feiern sie besonders, weil sich ja der Fels vor ihr auftat, als sie flüchtete. Und das Dunkle des Erdinnern, in dem die Kumpel arbeiten, erinnert immer an das „Dunkle“ der heidnischen Borbeth oder der christlichen Barbara, und eben auch an Tod und Beerdigung. Das Erblühen der Barbarazweige, auch noch zum Geburtstag von Jesus, darf schließlich doch über alle düsteren Gedanken hinwegtrösten.

Barbara erscheint vor allem auf frühen Tafelbildern oder Altarschreinen selten allein, sondern fast immer in Begleitung der beiden anderen Heiligen, Katharina und Margaretha. Alle drei erscheind der katholischen Kirche so bedeutend, dass sie als einzige Frauen zu den 14 Schutzheiligen oder Nothelfern gezählt werden. Also darf man sich auch getrost auf die guten Vorausdeutungen verlassen, wenn bis zum Christfest die Barbarazweige in der weihnachtlich geschmückten Stube erblüht sein werden.

Die Begleiterin von Barbara, die heilige Katharina, hatte wenige Tage zuvor, am 25. November ihren Namenstag. Mit dieser Märtyrerin hat die katholische Kirche aber ihre Schwierigkeiten. So wurde sie 1969 sogar aus dem Allgemeinen Römischen Kalender gestrichen, dann aber 2002 wieder aufgenommen. Und dafür gibt es wohl mehrere Gründe. Zum einen ist sie historisch nicht einwandfrei nachzuweisen. Um 300 gab es eine entsprechende Märtyrerin unter einem Kaiser mit der Anfangssilbe Max im Namen. Ob das nun ein Maxentius, ein Maximius oder ein Maximian war, konnte nicht herausgefunden werden und der Verdacht lag nahe, dass sie womöglich eine erfundene Figur sein könnte. Zum anderen gibt es aber sehr viel schwerwiegendere Gründe, eine Heilige mit Namen Katharina zu verehren. Historisch belegt ist nämlich eine halbwegs passende Figur, nun allerdings eine aus Alexandria, leider nicht mit Namen Katharina, sondern Hypatia. Sie soll Mathematikerin, Astronomin und Philosophin gewesen sein, war aber auch Christin. Den römischen Kaiser Diokletian, bekannt durch seine Christenverfolgung, ärgerte das. Er lud 50 kluge Philosophen ein, die mit Hypatia, nach christlicher Lesart also Katharina, über Heil und Gefahren des neuen Glaubens diskutieren sollten. Aber - oh Wunder – sie zeigten sich schließlich so in ihrem Weltbild verunsichert, dass sich alle taufen ließen. Schäumend vor Wut soll sie der Kaiser zum Tode verurteilt haben, zuvorderst natürlich die kluge Hypatia alias Katherina. Die fromme Katharina hatte dadurch wenigstens die Prüfung für ihr Märtyrerdasein bestanden, wenn auch ohne den bewundernswert klugen Kopf Hypatias. In diesem Sinne darf Katharina heute bei Sprachschwierigkeiten angerufen werden und gilt als Patronin der Schüler und Studenten, denen sie in der Not bei Klassenarbeiten und Examen beisteht, natürlich nur, wenn diese auch gut gelernt haben. Allein aus Faulheit sollte unsere Nothelferin also nicht angerufen werden. Sonst würde in den Schulen und Universitäten nur noch gebetet. Und wo kämen wir da hin?

Diese Erzählung mit frommer Wendung hat allerdings auch noch einen ganz anderen Kern, der eher den Tatsachen entsprechen dürfte. Die historisch belegte Hypatia (etwa 355 bis 415) erweckte nicht nur den Zorn eines römischen Kaisers, sondern den christlicher Eiferer, war die kluge Frau doch nicht getauft. Der Patriarch Kyrill von Alexandria stachelte gewaltbereite Fanatiker und Mönche auf, die Hypatia in den dunklen Gassen der Stadt auflauerten, sie erschlugen, enthaupteten und zerstückelten. Auch an diesem Beispiel sieht man, wie unbekümmert mit der Wahrheit umgegangen werden kann, wenn man eine Heiligenlegende braucht. Die *erfundene* Katharina wurde vom römischen Kaiser umgebracht, das *historische* Vorbild tatsächlich aber von fanatischen Christen gelyncht. Das war vielleicht der eigentliche Grund dafür, dass der Vatikan 1969 versuchte, Katharina aus dem Kalender zu streichen. Da ging es also wohl eher um das Tilgen der Erinnerung an die kluge Hyphatia und ihr böses Ende als um das schön gestrickte Heiligenbild einer erfundenen Katharinenlegende.

Auf Abbildungen trägt St. Katharina erstaunlicherweise ein Buch, was noch ganz zur griechischen Philosophin von Alexandria passt. Es ist ihr aber auch ein zerbrochenes Rad beigegeben. Das geht auf eine andere Version ihrer Heiligenlegende zurück. Danach war sie fromme Tochter eines heidnischen Königs, der sie in größter Wut zum Tode durch Rädern verurteilte, nur weil sie unbedingt Christin bleiben wollte. Gott bekam darüber eine noch größere Wut und schickte Engel, die bei der Hinrichtung das Rad mit solcher Gewalt zerschlugen, dass noch 4000 Heiden, wenn auch persönlich ganz unschuldig, dabei umkamen. Katharina nützte das wenig, denn sie wurde geköpft, weshalb auch ein Schwert zu ihren Insignien gehört. Engel brachten den Leib, oder was von ihm noch übrig war, zum Berg Sinai, wo er im heute ältesten Kloster der Christenheit, dem dortigen Katharinenkloster, als kostbare Reliquie Besuchern gezeigt wird. Aus dem Sarkophag fließt angeblich heilsames Öl, das an die Milch erinnern soll, die nach der Enthauptung statt Blut aus der Wunde der Heiligen floss. Dies verweist nun wieder ganz zurück auf unsere alten Kelten und Germanen. Katharina wurde ihnen ja während der Christianisierung als Ersatz für ihre Naturgöttin Ambeth[1] angeboten, und diese war nun auch für alles Leben der Erde zuständig. Hier sind es nun nicht gerade Milch und Honig, so doch Milch und das Blut des Lebens, was diesen Glauben symbolisiert. Den Legenden geschuldet verstehen sich auch die letzten beiden ikonographischen Symbole Krone und Palmzweig. Katharina war Tochter eines Königs, so gebührt ihr auch eine Krone. Überzeugender ist es aber wohl, wenn sie den Heiden als Himmelskönigin verkauft wurde, denn ihre Ambeth war für sie ja die wichtigste ihrer drei „ange*beteten*“ *Bethen*. So ist die Krone hier eigentlich ganz heidnischen Ursprungs. Erst die später eingeführte Marienfigur wird diese in religiöser Überhöhung tragen. Und der Palmzweig symbolisiert die göttliche Macht der Engel in der Legende um Katharina. Ob die spätere

Deutung des Palmzweigs als Friedenssymbol eines demütigen Jesus von wilden Germanen verstanden wurde, darf allerdings bezweifelt werden. Sie hatten ja noch Zeit, friedliche Christen zu werden. Obwohl, manche sind's bis heute nicht.

Landläufig geht mit dem 25. November eine bis dahin eher fröhliche Zeit mit Erntedank zu Ende, *„stellt doch Kathrin das Tanzen ein"*. So gibt es am letzten Samstag vor dem 25. 11. im Dorf noch einen übermütigen *Kathreintanz*, bevor die besinnliche Adventszeit beginnt. Die Stimmung ist dann durchaus mit der des Aschermittwoch zu vergleichen.

Wenn wir von folgendem in Süddeutschland verbreiteten Spruch ausgehen, dann fehlt uns noch eine Heilige des mittelalterlichen weiblichen Dreigestirns:

Margarete mit dem Wurm,
Barbara mit dem Turm,
Kathrin mit dem Radl,
das sind die drei heiligen Madl.

Es ist Margarete von Antiochia mit ihrem Namenstag am 20. Juli. Sie verteidigte bis zu ihrem Tode um 305 nicht nur ihren christlichen Glauben, sondern ganz betont auch ihre Jungfernschaft, einen Zusammenhang, den bis heute vor allem Nonnen der katholischen alleinseligmachenden Kirche als wesentlich ansehen. Dazu gibt es zwei Legenden:

Nach der einen war Margarete Tochter eines heidnischen Priesters, wurde aber von ihrer Amme im christlichen Glauben erzogen. Als der Vater das merkte, und das schöne Kind nicht mehr von seinem Glauben lassen wollte, denunzierte er sie vor Gericht. Nach einigen Verhören wurde der Richter dann so schwach im Fleische, dass er sie begehrte – wie auch immer. Natürlich wurde er zurückgewiesen und machte das, was primitive Männer in einer solchen Situation aus gekränkter Eitelkeit tun, er schwor Rache. Sein Urteil bedeutete Tod in kochendem Öl, was auf Einwand von oben zum Glück nicht funktionierte. Aber es nützte nichts, Margarete wurde, wie ihre beiden anderen Nothelferinnen, ebenfalls geköpft, wenn auch wiederum gegen offensichtlich höheren Willen. Dabei kam dieser, wie so oft in Heiligenlegenden, auch hier an seine Grenzen, was uns zeigt: Verlassen wir uns heute doch lieber auf Recht und Gesetz als auf göttlichen Beistand.

Nach einer anderen Legende war Margarete eine gottesfürchtige Schäferin, sah sich aber ebenfalls als Sexualobjekt männlicher Begierde, dieses Mal des Stadtpräfekten. Selbstverständlich wurde auch dieser zurückgewiesen und es folgte, was folgen musste, wenn man keusch bleiben und vor allem eine Märtyrerin werden wollte: Sie wurde als Justizopfer im Gefängnis gefoltert. Dort sei ihr der Teufel erschienen und habe ihr, wie nicht anders zu erwarten, verlockende Angebote gemacht, wie sie das bös` gewordene Stadtoberhaupt doch noch versöhnen könnte. Die Tipps sind leider nicht überliefert. Egal, Margarete wurde natürlich nicht schwach und drohte dem Unhold mit dem Zeichen des Kreuzes. Da dieser das nicht aushalten konnte, zerplatzte er, wohl nicht nur aus Ärger. Auf dem Weg zur Hinrichtung, sicherlich auch mit einem Schwert, habe sie vor allem für Schwangere und Gebärende gebetet, weshalb sie bis heute vor allem von diesen als Nothelferin angerufen werden darf. Dass der platzende Teufel ein Symbol für einen in höchster Lebensgefahr durchgeführten Kaiserschnitt sein könnte, ist vielleicht etwas überinterpretiert. Aber wenn die heilige Margarete auch in solch einer Not helfen könnte, soll das allen Hebammen der Welt auch recht sein. Ikonographisch sind die Attribute Margaretens der besiegte Drache zu ihren Füßen als Symbol des Teufels und natürlich das Kreuz, das sie vor dem Bösen gerettet hat.

Dass sie allerdings auch Schutzpatronin der Bauern ist, geht auf keinen üblen Teufel zurück, sondern allein auf das Datum ihres Namenstages am 20. Juli. An diesem Tag wurde, wenn die Gerste schon reif war, so nach und nach mit der Ernte begonnen. In diesem Sinne war auch ein Bezug möglich zur dritten unserer keltisch-germanischen Bethen, zu Wilbeth, die mit dem Licht von Sonnen- und Mondscheibe in Verbindung steht: Der Sommer kommt und darf bei Sonnenschein und Wärme für die „Geburt" des im Frühjahr Gesäten und Gepflanzten sorgen. So könnten unsere naturverbundenen frühmittelalterlichen Heiden das alles verstanden haben und damit auch die Verbindung ihrer drei Bethen mit den angebotenen drei neuen Heiligen Barbara, Katharina und Margareta. Und so durften sich auch Heiden ohne schlechtes Gewissen bald taufen lassen: Im Namen von Vater, Sohn und Heiligem Geist – und ihren ehrwürdigen drei Bethen. Man musste das alles ja nicht so eng sehen.

Nikolaustag

Und die Rute für alle Bösewichte der Welt

Die Vorfreude auf Weihnachten wächst, vor allem die der Kinder. Am Abend des 5. Dezember dürfen Stiefel oder Schuhe vor die Tür gestellt werden in der Gewissheit, dass sie am nächsten Morgen mit Süßigkeiten gefüllt sein werden. Der Sankt Nikolaus wird sie heimlich bringen, um Kindern oder auch solchen, die es an diesem Tage noch gerne sein wollen, eine Freude zu machen. Wenn dabei ein Wunschzettel für die großen Geschenke an Weihnachten im Schuh oder Stiefel in aufgeregter Erwartung beigelegt wird und dieser am folgenden Morgen tatsächlich verschwunden ist, dann werden Kinderherzen höherschlagen. Eine schöne Tradition – was aber hat diese mit einem Nikolaus zu tun, einem angeblichen Heiligen aus dunkler Vergangenheit? „Iche nixe wisse" sagte mein türkischer Nachbar, aus dessen Heimat der heilige Nikolaus ja stammen soll.

Tatsächlich geht die Tradition, sich am 6. Dezember wie auch an Heilig Abend zu beschenken, auf diesen sympathischen Heiligen zurück, der im 3./4. Jahrhundert als Bischof von Myra in der Türkei lebte. Ansonsten gibt es über ihn nur wenig Bezeugtes, außer dass er an einem 6. Dezember, man weiß nicht einmal in welchem Jahr, starb. Um ihn und seine späteren Gebeine ranken sich viele schöne Legenden. Die schönste ist die „Mitgift-Spende", auf die unser Schenken dann tatsächlich zurückgeht: Ein armer Mann hatte drei Töchter, die er gerne gut verheiraten wollte. Ohne eine angemessene Mitgift war das aber unmöglich. Da kam dem Vater eine blöde Idee: Seine Töchter, die auch recht ansehnlich waren, sollten sich doch einfach als Prostituierte die nötigen Groschen verdienen. Wie die Mädels auf seinen Vorschlag reagierten, ist leider nicht überliefert, man kann es sich aber lebhaft vorstellen. Als unser Bischof von dem unseligen Handel erfuhr, hatte er eine bessere Idee als der ehrlose Vater. Er schlich nachts an die Zimmer der verzweifelten Mädchen und legte drei Goldkugeln heimlich vor deren Tür und alles wurde gut. So ähnlich muss es gewesen sein und das Schenken wurde zum Synonym dieses gutmütigen Heiligen, was wir am 6. und 24. Dezember in ähnlich liebenswerter Art in unseren Familien pflegen. Auf Heiligenbildern wird Nikolaus deshalb oft mit drei Goldkugeln dargestellt. In unserer westlich-aufgeklärten Kultur klingt diese nette Legende nicht sonderlich nach, zum Glück. In fremden Kulturen, in denen Eheschließungen von Töchtern dem Standesdünkel des Vaters unterliegen, wo mindestens 10 Kühe oder 3 Kamele den Brautpreis ausmachen oder wo dem Bräutigam wenigstens ein Moped geschenkt werden muss, wenn er die Tochter gnädigerweise akzeptieren soll, da müsste diese Legende ganz anders gelesen werden. Na ja, Nikolaus kam ja auch nicht bis Afrika, Arabien oder Indien. Wir dürfen unsere kleinen Töchter an seinem Namenstag einfach nur beschenken mit Apfel, Nuss- und Mandelkern und brauchen uns nicht um einen zukünftigen Ehemann aus ehrbaren Kreisen für sie zu kümmern. Unsere Töchter kriegen das später ganz alleine hin, wenigstens meistens.

In einer anderen Legende wird erzählt, Nikolaus habe ein Schiff aus Seenot gerettet, weil die Matrosen ihn innig um Hilfe angerufen hatten. Deshalb gilt er auch als Patron der Seeleute. Außerdem habe er Myra einst während einer Hungersnot geholfen, indem er den Kapitän eines vollbeladenen Getreideschiffes, das im Hafen ankerte, bat, einen Teil der Ladung seiner Stadt zu verkaufen. Das Getreide war aber für den Kaiser in Byzanz bestimmt. Mit schlechtem Gewissen, aber mitleidigem Herzen ließ sich der Kapitän erweichen, konnte dann aber, wieder auf hoher See, verwundert und erleichtert feststellen, dass kein einziges Korn im Bauch seines Schiffes fehlte. Wenn wir heute den unwürdigen Handel mit Getreide über den Seeweg vor allem für hungernde Länder in Afrika oder Nah-Ost durch den russischen Potentaten und Klein-Gernegroß beobachten, möchte man dem am liebsten einen wütenden Nikolaus mit Sack und Rute schicken mit der Bitte: Hau den Unhold durch und nimm ihn gleich mit!

Wahrscheinlich war der historische Bischof Nikolaus Teilnehmer des richtungsweisenden Konzils von Nicäa im Jahre 325. Unter anderem wurde dort die „Perikopen-Ordnung“ beschlossen, nach der am 6. 12. eines Jahres eine Art Visitation der Priester erfolgen sollte mit der Befragung, ob sie die ihnen anvertrauten Talente gut verwaltet und vermehrt hätten. Und da lässt sich eine, wenn auch nicht direkte Verbindung herstellen zu den später üblichen Befragungen der Kinder, ob sie denn im vergangenen Jahr auch immer brav gewesen seien. Mit ängstlichem Blick auf die drohende Rute darf ein hingehauchtes „Ja“ heute jeden Nikolaus besänftigen, bevor er mit seiner großen Hand in den mitgebrachten Sack greift und ein kleines Geschenk hervorzaubert, mit dem das bebende Kinderherz beruhigt wird. Ob die seit dem Jahr 325 offiziellen Visitationen der nicht immer heiligen katholischen Priesterschaft meist ähnlich gut ausgingen, muss nach erschreckenden Erfahrungen des Kindesmissbrauchs leider bezweifelt werden, auch wenn lange das Gegenteil behauptet wurde. Eine Süßigkeit haben beileibe nicht alle katholischen Priester verdient.

So gesehen hat sich die Tradition des Beschenkens im Laufe der Zeit ausgeweitet, blieb aber erst einmal mit dem Namenstag unseres St. Nikolaus verbunden. Als Martin Luther versuchte, die katholische Kirche zu reformieren, was ihm ja nicht gelang, setzte er sich in seiner neuen evangelischen Kirche mit vielen Traditionen von der bestehenden Papstkirche ab, eben auch von deren verbreitetem Heiligenkult. Das beliebte Schenken und die kindliche Freude über die bevorstehende Weihnachtszeit sollten aber nicht verloren gehen. Er setzte sich dafür ein, dass alles verschoben wurde auf den Heiligen Abend, den Tag vor dem eigentlichen Weihnachtsgeschehen. Aus dem heiligen Nikolaus wurde so unser Weihnachtsmann, allerdings noch mit rotem Bischofsmantel. Anstelle der Mitra kleidete ihn aber nur eine rote Zipfelmütze mit weißer Bommel. Die Erinnerung an den Heiligen aus Myra war damit für die Evangelischen passé. Den Katholiken gefiel das nicht so recht, weshalb sie ihren St. Nikolaus mit Bischofsmütze am 6. 12. bewusst beibehielten und am 24. Dezember ein geflügeltes Engelchen, ein Christkind, gleichsam aus dem Sack des Nikolaus zauberten, das seitdem in vielen katholischen Familien die Geschenke bringen darf. Den Kindern war`s egal.

Die Figur des Nikolaus, der an Weihnachten Kinder beschenkt, war selbstredend so phantasievoll, dass sie bald auch Erzählungen belebte. So erschien schon 1821 der Nikolaus in einem Buch über Neujahrsgeschichten wie ein liebenswerter Großvater mit Rauschebart. 1931 wurde Santa Claus weltweit bekannt, als die Firma Coca-Cola in Amerika ihn für eine Werbeaktion entdeckte. Da diese in der kalten Weihnachtszeit anlief, bekam der Nikolaus zusätzlich zu seiner schon bekannten Erscheinung einen dicken Pelzkragen. 1939 musste dann aus zwingenden Gründen einer eigentlich unmöglichen Paketverteilung, und das auch noch im Schnee, ein Schlitten erfunden werden, der von 12 Rentieren gezogen wird, und das natürlich in einer phantastischen Luftfahrt. Echte Fans dieses mobilen Nikolaus kennen sogar die Namen aller 12 Rentiere. Ich habe mir nur den des Leittieres gemerkt, es heißt Rudolph.

Im Laufe der jahrelangen Tradition gesellte sich ein schrecklicher Begleiter zu unserem liebenswerten Geschenkeverteiler, der, je nach Region, verschiedene Namen trägt. Es kann der Knecht Ru*precht* sein, in dessen Bezeichnung noch deutlich ein böser *„Percht“*[1] aus dem bayrisch-alpenländischen Raum herauszulesen ist. Dort wird er zuweilen auch Krampus genannt, wenn er schon am 5. Dezember, seinem eigenen „Krampustag“, durch die Dorfstraßen tobt. Bezeichnend ist, dass er zuweilen als *schwarzer* Krampus auftritt, wo der Gegensatz zum Heiligen mit seinem weißen Bart deutlich wird. In den Niederlanden gibt es seit dem 18. Jahrhundert den beliebten „swarze Piet“ als Begleiter des Nikolaus, der neuerdings aber von den „Gutmenschen“ verteufelt und verboten wird, weil er „rassistisch“ sein soll. Na ja, wer die Geschichte nicht kennt, muss sie sich zurechtbiegen, auch auf „Teufel komm raus“. Und die Kinder verstehen rein gar nichts davon, ihnen hat ihr swarze Piet immer gut gefallen. Jetzt darf er ihnen noch als „schwarzer Peter“ im gleichnamigen Kartenspiel zweifelhafte Freude machen. Mal sehen, wie lange noch. Im Schwäbischen kommt der drohende Begleiter des Nikolaus als Nuss- oder Pelzmärte vor, wenn er vor der Stubentür poltert und unerkannt Nüsse und Äpfel durch die sich wie von Geisterhand leicht geöffnete Tür ins Zimmer wirft, wo sie von den verängstigten Kindern nach seinem rumorenden Abgang aufgesammelt werden – wenigstens unter gutem Zureden durch die Mutter.

Diese finsteren Gesellen haben mehrere Ursprünge. Zum einen sind es die Maskeraden der seit alters her gefürchteten bösen Wintergeister, die die verständlichen Ängste der Landbevölkerung verkörpern. Als Geister der „Anderwelt“ treiben sie ihr Unwesen in gruseligen Masken zwischen Weihnachten und Heilig Drei König. Mit wenigen Unterbrechungen erfüllt dann das Treiben ähnlicher Schreckensfiguren die tollen Tage des Faschings bis Aschermittwoch. Zum anderen steckt gerade darin ein heute völlig vergessener Ursprung, der wiederum auf den Bischof von Myra direkt verweist. Wie oben schon angedeutet, wurde auf dem von Nikolaus besuchten Konzil von Nicäa beschlossen, am 6. 12. eines jeden Jahres eine kritische Visitation der Priester vorzunehmen. Und davor fürchteten sich einige Priester, erfahrungsgemäß nicht zu Unrecht, gerade auch angesichts eines gezähmt erscheinenden Teufels als Begleiter einer Heiligenfigur wie dem St. Nikolaus. Diese teuflische Maskerade äußert sich bis heute mit Bocksgehörn, Pferdefuß und Teufelsschwanz. Zum Glück erscheinen nun die üblichen Gesellen des Nikolaus nicht mehr so gruselig. Es reicht, wenn sie wie Strauchdiebe gekleidet sind, um Kinder zu erschrecken, und wenn sie mit dem Sack drohen, böse Kinder darein zu stecken, um sie mit der Rute des Nikolaus zu verhauen. Doch keine Sorge, solche Kinder gibt's ja gar nicht mehr.

So darf unser lieber St. Nikolaus zudem als Schutzheiliger der russisch-orthodoxen Kirche gelten, wo er noch viel an vernünftiger Aufklärung und Friedenspolitik zu tun hat[1]. Weil er aber auch sonst sehr beliebt ist, schützt er eine ganze Reihe von Gruppen und Berufen, wie Schüler und Studenten, Liebende und Gebärende, Diebe und Gefängniswärter, Prostituierte und Juristen, aber auch Metzger, Bäcker und Apotheker. Und wer hier nicht genannt ist, darf sich trotzdem bei Not an ihn wenden. Es kostet ja nix. Lassen Sie sich aber im Urlaub nicht beirren, wenn in Finnland oder Spanien am 6. 12. ein echter Feiertag ist. Die Finnen feiern ihre Unabhängigkeit von den Russen (1917) und die Spanier ihre demokratische Verfassung seit der Franco-Diktatur 1978. Dem Heiligen Nikolaus würde das sicherlich auch gefallen. Sei's drum.

Wenn wir schon in der nicht immer heiligen Politik angelangt sind, sollte nicht verschwiegen werden, dass die Nikolaikirche in Leipzig während der wachsenden Unruhen in der DDR vor dem Fall der Mauer eine geradezu segensreiche Wirkung auf die Demonstranten hatte. Hier fühlten sich viele, wenigstens für kurze Zeit, sicher vor den Zugriffen durch die Stasi. Wenn nur überall von den unzähligen Nikolauskirchen der Welt solch ein Segen ausginge – viele politischen Bösewichte hätten allen Grund, sich zu fürchten, und das nicht nur vor der Rute des Heiligen.

Advent

Möge die Ankunft des Herrn schön und friedlich sein

„Advent, Advent, ein Lichtlein brennt, erst eins, dann zwei, dann drei, dann vier, dann steht das Christkind vor der Tür." Wie schön kann diese Vorweihnachtszeit sein, wenn sie in kindlicher Vorfreude genossen werden darf! Kluge Worte darüber zu verlieren, könnte völlig überflüssig sein, wenn Eltern ihre Kinder mit Plätzchenbacken, einem gefüllten Adventskalender und einem schönen Adventskranz auf dem Stubentisch verwöhnen. Dabei ist es ganz unerheblich, Rezepte für Lebkuchen zu kennen, zu wissen, wie viele Türchen der Adventskalender hat oder weshalb auf dem Adventskranz gerade mal vier Kerzen brennen. Für glänzende Kinderaugen gilt das natürlich, für ratlose Eltern, die vielleicht auf „dumme" Fragen ihrer Kinder keine Antwort wissen, sicher nicht. Na also...

Schon das vertraute Wort „Advent" kann rätselhaft sein, stammt es doch aus dem in früheren Zeiten so wichtigen Latein und bedeutet „Ankunft". Vier Wochen muss das klopfende Kinderherz nun warten, bis das Christkind „ankommt" und seine Geschenke bringt. In evangelischen Familien wird es eher der etwas unheimliche Weihnachtsmann sein mit seinem Sack voller Gaben. Und wenn ab 1. Dezember an jedem Morgen ein Türchen auf dem Adventskalender geöffnet wird, weiß jedes Kind, wie lange es noch auf seine Geschenke warten muss. Vielleicht erlauben die Eltern auch vorher schon, die Figuren der Weihnachtskrippe aus dem Keller zu holen und sie in einer Ecke des Wohnzimmers aufzustellen. Kleine Lämpchen für eine romantische Beleuchtung wird sicherlich der

Vater aus seinem Werkzeugkasten beisteuern, während die Mutter einen wunderschönen hölzernen Schwibb-Bogen gekauft und mit seinen sieben Lichtern, entsprechend der Schöpfungstage, in ein Fenster zur Straße gestellt hat. Mit dem Duft ihrer Plätzchen aus der Küche, der weihnachtlichen Musik aus dem Fernseher und wenn die Katze die Krippenfiguren nicht schon wieder umgeworfen hat, kann die Stimmung der Familie in der Adventszeit eigentlich nichts mehr trüben.

Leider stimmt das alles nicht immer so ganz. Schade, denn gerade in dieser stimmungsvollen Adventszeit der Vorfreude auf das Kommen des „Friedensfürsten" hätten Kinder, Familien und ganze Völker noch mehr als das verdient. Die Freude auf Geschenke unter dem Tannenbaum in einer festlich erleuchteten Stube und auf anrührend schöne Lieder will sich nicht überall einstellen. Nicht nur, weil die Welt oft zu blöde scheint für die liebenswerten Dinge des Lebens, sondern weil sie sich meist gar keine Gedanken macht, warum und wozu sie es gibt und geben sollte.

In diesem Sinne erscheint ein Brauch zu Advent, der leider noch kein ehrwürdiges Alter hat, von besonderer Aktualität, geht es doch um den Frieden in der Welt oder besser, um den überall drohenden Unfrieden. In manchen Kirchen brennt eine Laterne mit einem „Friedenslicht". Dieses stammt aus der Geburtskirche in Bethlehem und wurde in einem Staffellauf, ähnlich dem olympischen Feuer, von zahllosen Kerzenträgern in alle Welt gebracht. Nach dem örtlichen Gottesdienst kann nun ebenfalls eine Kerze an diesem Licht entzündet und mit nach Hause genommen werden. Es wäre schön, wenn sich aus diesem noch jungen Brauch eine weltweite Tradition zu den Adventstagen entwickeln würde mit der Hoffnung auf etwas mehr Frieden in der Welt. Dass die Botschaft dazu direkt aus dem politisch unruhigen Nahen Osten kommend, und dann auch noch aus dem jüdisch-palästinensischen Bethlehem, die Menschheit beglücken will, erscheint nicht ohne makabre Illusion. Aber gerade zur Weihnachtszeit dürfen auch mal die Erwachsenen ihre Träume haben.

Kommen wir nach diesen ganz weltlichen Wünschen wieder zu den eher bekannten religiösen Hoffnungen, die mit der Adventszeit seit alters her verbunden sind. *„Es kommt der Herr der Herrlichkeit“* wird in allem Kirchen in dieser Zeit gesungen. Aber was heißt das? Zum einen ist es die allgemein verbreitete Vorstellung, dass während der Gottesdienste an den vier Adventssonntagen ganz offen die Freude zum Ausdruck gebracht werden darf, dass am 25. Dezember das „Christkind“ erscheint als Jesuskind in der Krippe. Die Krippenfiguren zuhause, das Krippenspiel in der Kirche und der geschmückte Adventskranz sind Zeugnis genug. Erstaunlich ist nur, dass nicht alle Christen diese märchenhaften Umstände der „Ankunft des Herrn“ so sehen wollen. Vielen Sekten verstehen in der Botschaft der baldigen „Erscheinung“ Jesu Christi etwas ganz anderes, so wie es das ganze Mittelalter hindurch verstanden wurde: Die Adventszeit war eine Fastenzeit, eine Zeit der Buße, und das ganz ohne duftenden Lebkuchen und Glühwein. Das heißt, es wurden keine Tage besonderer Vorfreude zelebriert, im Gegenteil, ängstliche Buße und ein wochenlanges reuiges In-sich-Gehen waren angesagt. Steht doch in der Bibel keineswegs nur, dass ein „Heiland“ in die Welt kommen werde, sondern auch, dass die Menschheit immer gewärtig sein müsse, am Ende der Tage mit Christus als einem strengen Weltenrichter zu rechnen. Hier erscheint die verkündetet „Ankunft“ eines Advents, die Epiphanie göttlicher „Endzeiterscheinung“ in einem ganz anderen Licht. Beim Gedanken daran, an Fegefeuer und Höllenqualen, könnten einem Lebkuchen samt Mandelkern im Halse stecken bleiben. Erst als Martin Luther um 1500 ein neues Gottesbild entwarf, vor allem das eines „gnädigen Herrn", verlor sich für seine „Reformierten" die Angst vor Weltuntergang und möglicherweise ewiger Verdammnis. Die Evangelischen dürfen sich seitdem ohne Wenn und Aber auf den Advent, auf die „Ankunft", die Geburt des lieblichen Gottessohnes freuen. Und da auch die katholischen Päpste bald merkten, dass die kindliche Vorfreude auf Weihnachten bei den meisten Christen viel besser ankam als das Zähneklappern aus Angst vor dem Weltgericht Gottes, änderten sie ihr Gottesbild für die Weihnachtszeit ganz still und leise. Und so dürfen sich seitdem nicht nur evangelische Kinder auf die Adventszeit besonders freuen, sondern auch alle strengen Katholiken – und das ohne jedes schlechte Gewissen. Dass viele Sekten in ängstlicher Erwartung der letzten Tage die Adventszeit noch ganz anders verstehen, darf eine Randbemerkung sein.

Keine Randbemerkung soll es sein, wenn wir das Rätsel auflösen, weshalb die „Ankunft" des Herrn im Sinne des römischen „Advent" am 25. Dezember sein soll, aber die kalendarische „Erscheinung" desselben nach der griechischen „Epiphanie", was ja alles dasselbe bedeutet, erst am 6. Januar. Die Auflösung ergibt sich aus den Folgen der Gregorianischen Kalenderreform des Jahres 1582. Wie in diesem Buch schon mehrfach erwähnt, wurde unter Papst Gregor XII. der bis dahin geltende Julianische Kalender der alten Römer überarbeitet, da ihm alle vier Jahre 0,25 Schalttage fehlten. So hatte sich bis dahin eine Verschiebung des Kalenders um 10 Tage ergeben. Diese wurden dann einfach gestrichen, indem auf den 4. Oktober 1582 der 15. Oktober folgte. Diesen Schritt machten allerdings nicht alle Gemeinden oder Länder mit, vor allem auch nicht die russisch-orthodoxe Kirche. Aus dieser Protestreaktion gegen den Papstbeschluss ergaben sich allenthalben Irritationen im jeweilig gültigen Kalender. Daher rührt es, dass der Unterschied zwischen der „Ankunft“ des Herrn am 25. Dezember und seiner „Epiphanie“ am 6. Januar heute 13 Tage beträgt. So gesehen dürften die herrlichen Krippenfiguren der Heiligen Drei Könige, die ja erst am 6. Januar ihr offizielles „Erscheinen“ haben, auch schon an Heiligabend aufgestellt werden. Die Kinder haben ihre Freude daran, der Papst auch, nur nicht der Patriarch von Moskau. Aber der hat im Augenblick sowieso alle Hände voll zu tun, den russischen Angriff auf die eher westlich orientierte Ukraine als Verteidigung gegen „westliche Verkommenheit“ religiös zu begründen. Aber das wäre eine andere Geschichte, eine, die bis ins finstere Mittelalter zurück reicht.

Der gerade genannte Papst Gregor d. Gr. legte auch die Zahl der Adventssonntage auf vier fest, im Unterschied zu sechs in der Ostkirche. Damals sah man in der Zahl vier ein Symbol für die 4000 Jahre, die die Menschheit nach dem Sündenfall auf ihren „Erlöser“ warten müsse. Nach dieser Rechnung gehen ja viele Sekten, besonders amerikanische „Kreationisten“ bis heute davon aus, dass Gottes Schöpfung insgesamt nur etwa 6000 Jahre alt ist. Und somit könnte man tatsächlich jeden Tag damit rechnen, dass mit dem „Advent“ der Weltenrichter unsere schönen Tage, trotz Lebkuchen, Weihnachtsbaum und fröhlichem Halleluja, jäh beenden kann. Und dann sicher nicht bei romantischem Kirchengeläut und unseren überall erklingenden Weihnachtsliedern. Na ja, wer’s glaubt, soll selig werden.

Bleiben wir erst einmal noch bei unserem Adventskranz, den alle Blumenläden, Einkaufs- oder Baumärkte in der Vorweihnachtszeit in allen Größen und Ausführungen anbieten. In früheren Zeiten war es eine selbstverständliche Freude von Eltern oder Großeltern, solche Kränze aus Fichten- oder Tannengrün selbst zu flechten. Bunten Flitter gab es dabei selten, was aber nie fehlen durfte, waren vier Kerzen. Da es in den heiligen Schriften zu diesem Brauch keine Angaben gibt, muss die schöne Tradition aus einer anderen Quelle schöpfen und die ist erst einmal ganz weltlich. Mitte des 19. Jahrhunderts gab es in Hamburg das sogenannte „Rauhe Haus“, für elternlose oder sozial gefährdete Jugendliche, eine Einrichtung der evangelischen Kirche, deren Notwendigkeit auch heute noch gut vorstellbar ist. Der betreuende Pfarrer Johann Heinrich Wiechern kümmerte sich nicht nur um Unterkunft und Arbeitsstellen, sondern bemühte sich auch um so etwas wie menschliche Wärme oder was man in solchen Sozialeinrichtungen noch dafür aufbringen konnte. 1839 hatte er eine wunderbare Idee, er wollte seine Buben auf das kommende Weihnachtsfest einstimmen und kam mit einem hölzernen „Adventskranz“ an, den er mit 20 kleinen roten Kerzen bestückt hatte und mit vier großen weißen. An jedem Tag, an dem er zum morgendlichen Gebet vorbeikam, wurde eine neue Kerze angezündet, an Sonntagen natürlich eine der weißen, großen. Es war eine Art Adventskalender und Adventskranz zugleich. Da bedarf es nun keiner umständlichen Erklärung mehr, das schöne Wunderwerk war geboren. Weil sich auch dieser neue Brauch schnell herumsprach und phantasievoll entwickelte, konnten sich schließlich auch katholische Priester der neuen Mode nicht erwehren. So wurden Adventskranz und Adventskalender nach dem Ersten Weltkrieg ein bei Groß und Klein allgemein geschätzter Brauch, der die Weihnachtszeit stimmungsvoll einleitet, wenn das kleine Jesuskind mit seinem Segen die Welt erleuchtet wie das Licht der Kerzen unsere Stuben. Wollen wir die Kerzen nicht zu früh ausblasen.

Unser Weihnachtsbaum –

auch als echter Maien im Winter

Er gehört einfach dazu, auf Marktplätzen und in Vorgärten, in Kirchen und Einkaufstempeln, im Seniorenheim und in der heimischen Stube, unser geschmückter und festlich beleuchteter Weihnachtsbaum. Erst wenn sich sein Kerzenschein in Kinderaugen spiegelt, wenn sich der Duft des frisch geschlagenen Bäumchens mit dem von Lebkuchen und brennenden Kerzen verbindet, erst dann kann der Heiligabend richtig beginnen – wenigstens in den meisten Familien. Man möchte gar nicht einhalten in diesen Gefühlen, die ein Leben lang anklingen. Und trotzdem, man darf vielleicht doch mal in aller Zurückhaltung Fragen stellen zu diesem Baum, am besten allerdings in der Zeit nach dem 6. Januar, wenn nach dem Erscheinen der Heiligen Drei Könige die Fichte oder Tanne schließlich abgeschmückt oder gar geplündert wurde und ihr Duft die Sinne nicht mehr verzaubert.

Na ja, mit der Weihnachtsgeschichte hat unser weihnachtlicher Baum auf den ersten Blick wenig zu tun. In Bethlehem standen vielleicht schiefe Palmen hinter dem Stall der Heiligen Familie, aber natürlich kein gerade gewachsenes, immer grünes Nadelgehölz. Deshalb müssen wir zum besseren Verständnis wieder die Symbolik bemühen: Die Botschaft des neugeborenen Gottessohnes sollte doch von ewiger Dauer sein mit der neuen Religion von Liebe, Demut und Gewaltlosigkeit, gerade so, wie es das verletzliche Kind in der Krippe verbildlicht. Wie schön, wenn dessen Ideale tatsächlich „immergrün" wären, so wie unsere Tannenbäume. Die nüchtern betrachtete Realität zeigt sich aber wohl eher am geschlagenen, am gefällten Baum, wenn er in unseren warmen Stuben in aller Pracht, aber entwurzelt dahinnadelt. Wenn schon die wunderbare Botschaft des Christentums nicht überall von Dauer ist, wie sollte da ein symbolisches Weihnachtsbäumchen mehr als den 6. Januar heil überdauern? Hier können nicht einmal der Weihnachtsstern und seine Engel an der Spitze des Baumes helfen. Die örtliche Sportjugend wird die Bäume, lieblos am Straßenrand abgelegt, am nächsten Tag holen und sich über ein Scherflein freuen. Als „entsorgt" darf man somit auch die heiligen Gefühle des Friedens ansehen, nun bei Tageslicht und Tagesschau.

Bevor wir nun aber ganz weinerlich werden über die Entzauberung unserer festlichen Weihnachtsbäume mit ihrer „immergrünen" Botschaft des Friedens, begeben wir uns zurück in die Vergangenheit, nun nicht mehr so weit wie direkt nach Bethlehem.

Seit dem Mittelalter sind in vielen Regionen immergrüne Nadelbäume oder frühlingshaft ausschlagende Birken als „Maien“ ein beliebter Brauch, und dies noch ganz ohne christlichen Bezug. Es sind Symbole der Hoffnung auf Licht, Sonne und Leben, vor allem im Hinblick auf den herbeigesehnten Frühling. Der Maibaum auf dem Dorfplatz, den heute die Feuerwehr des Ortes aufstellen darf, ist ein Relikt dieser Tradition. Wenn Burschen aus der Nachbargemeinde den Baum in den beiden Nächten des 1. oder 2. Mai stehlen oder absägen wollen, ist das allerdings nur noch sinnentleerter Streich. Das Stecken einer kleinen, mit bunten Bändern verzierten Birke als Maien für ein Mädchen als Zeichen der Verliebtheit darf dagegen seit urdenklichen Zeiten als ein für alle gut verständliches Symbol gedeutet werden. Als respektable Mutprobe gilt es zudem, wenn junge Burschen das Bäumchen auf dem Hausdach der Verehrten anbringen, festgebunden am Kamin. Dass dies zuweilen auch für ohnmächtigen Zorn des vielleicht zukünftigen Brautvaters sorgt, muss aber ebenfalls in Kauf genommen werden.

In vergleichbarer Tradition stehen Narrenbäume der Faschingszeit, die auch schon seit dem 16. Jahrhundert vielerorts Marktplätze zieren. Das sind nie Birken, sondern immer hochgewachsene Fichten, die bis auf die obersten Astkronen kahl geschält werden. Wenn heute auch sie meist mit bunten Bändern geschmückt, zudem oft noch mit Zunftschildern versehen, Orte schmücken, wird die Vermischung solchen Maien-Brauchtums deutlich, was seit fünfhundert Jahren allgemein zu beobachten ist: Frohes Frühlingserwarten mit noch froheren Frühlingsgefühlen verschmilzt mit Handwerkerstolz und übermütigem Narrentreiben. Und wenn Kinder die oft mit Essbarem geschmückten Maien schließlich plündern durften, dann hatte man auch diese glücklich gemacht. Nun ist es kein großes Wunder mehr, wenn sich aus diesem frühlingsfrohen

Baumspektakel auch noch ein Weihnachtsbaum entwickeln konnte. Bemerkenswert dabei ist die Zeit ab der Mitte des 16. Jahrhunderts, als sich der volkstümliche Brauch zunehmend mit Weihnachten verband. In diesem Sinne ist zum Beispiel auch das alte Volkslied aus Tirol zu verstehen, wenn es dort heißt:

Es blühen die Maien
bei kalter Jahreszeit...
Heut ist uns geboren
der Heiland dieser Welt...

Martin Luther hatte offensichtlich Gefallen gefunden an dem überall schon zu beobachtenden Brauch, dass in Bauern- und Bürgerstuben zum Fest von Christi Geburt Kindern eine besondere Freude gemacht wurde – eben mit einem ursprünglichen „Maien“, nun als Tannen- oder Fichtenbäumchen, geschmückt mit dem, was arme Leute damals so hatten, mit Äpfeln, es waren sicherlich rote, und mit Nüssen. Vielleicht gab's von einer liebevollen Mutter auch schon süßes Gebäck und der Opa hatte seit der Ernte Zeit gehabt, einen schönen Engel zu schnitzen, wohl auch mit einem Weihnachtsstern. Eine frühe Erfindung waren Strohsterne, die ohne Kosten, dafür mit viel Geschick in den Familien gebastelt wurden. Bunte Kugeln und Zierrat aus Glas kamen im 19. Jahrhundert vor allem aus den Glashütten des Erzgebirges. Der Erfolg dieses Baumschmucks war so groß, dass sich dort bald auch eine Tradition von Holzschnitzereien entwickelte, die vielen Familien einen ersehnten Nebenverdienst ermöglichte. Der Papst und seine eher freudlos-frommen Katholiken fanden die ganze Weihnachtsbaumgeschichte anfangs gar nicht lustig, weil auch für die damit verbundene neumodische Dekoration kein Bibelbeleg zu finden war. Sekten und sonstige Strenggläubige verzichten deshalb bis heute auf diesen „heidnischen" Zauber. Auch die Papstkirche sträubte sich lange gegen unseren heute so geliebten Weihnachtsbaum, wurde er doch weit über die Reformationszeit hinaus „Lutherbaum" genannt. - Na ja, sie hat`s verkraftet und einer der prächtigsten Weihnachtsbäume schmückt heute während der Feiertage zu Christi Geburt den Petersplatz in Rom. Halleluja.

Auf eine rätselhafte Tradition des Weihnachtsbaums soll zum Schluss noch hingewiesen werden, auch wenn der Autor sich diese bei bestem Willen nicht erklären kann. Im Mittelalter entwickelte sich in manchen Regionen, vor allem Richtung Osteuropa, der Brauch, Christbäume verkehrt herum an der Decke des Zimmers aufzuhängen. Noch unerklärlicher erscheint in diesem kopfstehenden Zusammenhang eine anscheinend neue Mode in den USA, dies ebenfalls zu machen. Aber vielleicht hatte und hat das lediglich mit Menschen zu tun, die immer etwas anders sein wollten als die anderen. Wollen wir auch ihnen das gönnen, wenigstens zum Fest der Freude.

Das Weihnachtsgeschehen

Gottes Sohn im Stall

Lukas hatte eine Vision, als er die romantische Geschichte von der Geburt Jesu Christi erzählte, wie sie im Neuen Testament der Bibel überliefert ist. Gleich den anderen Evangelisten Matthäus, Markus und Johannes legt er Zeugnis ab vom Leben und Tod Jesu. Nur er und Matthäus berichten allerdings Phantastisches über das Geschehen in der Nacht zum 25. Dezember. Danach beginnt das Jahr der für uns heute gültigen Zeitenwende, also das Jahr eins. Lukas weiß, was sich damals in dem jüdisch-palästinensischen Dorf Bethlehem zugetragen haben soll. In vielen Kirchen und noch mehr festlich erleuchteten Stuben wird diese Geschichte an Heilig Abend feierlich vorgelesen und nicht nur Kinderherzen dürfen erschauern über das himmlische Wunder, das mit einem Neugeborenen in die Welt kam. Hier der Text dieser Weihnachtsgeschichte:

Es begab sich aber zu der Zeit, dass ein Gebot vom Kaiser Augustus ausging, dass alle Welt geschätzt würde. Und diese Schätzung war die allererste und geschah zu der Zeit, da Cyrenius Landpfleger in Syrien war. Und jedermann ging, dass er sich schätzen ließe, ein jeglicher in seine Stadt. Da machte sich auch auf Joseph aus Galiläa, aus der Stadt Nazareth in das jüdische Land, zur Stadt Davids, die da heißt Bethlehem, darum dass er von dem Hause und Geschlecht Davids war, auf dass er sich schätzen ließe mit Maria, seinem angetrauten Weibe, die war schwanger. Und als sie daselbst waren, kam die Zeit, dass sie gebären sollte. Und sie gebar ihren ersten Sohn und wickelte ihn in Windeln und legte ihn in eine Krippe, denn sie hatten sonst keinen Raum in der Herberge. Und es waren Hirten in derselben Gegend auf dem Felde bei den Herden, die hüteten des Nachts ihre Herde. Und siehe: Des Herrn Engel trat zu ihnen und die Klarheit des Herrn leuchtete um sie; und sie fürchten sich sehr. Und der Engel sprach zu ihnen: Fürchtet euch nicht; siehe, ich verkündige euch große Freude, die allem Volk widerfahren wird; denn euch ist heute der Heiland geboren, welcher ist Christus, der Herr, in der Stadt Davids. Und das habt zum Zeichen: Ihr werdet finden das Kind in Windeln gewickelt und in einer Krippe liegen. Und alsbald war da bei dem Engel die Menge der himmlischen Heerscharen, die lobten Gott und sprachen: Ehre sei Gott in der Höhe, und Friede auf Erden und den Menschen ein Wohlgefallen! Und da die Engel von ihnen gen Himmel fuhren, sprachen die Hirten untereinander: Lasst uns nun gehen gen Bethlehem und die Geschichte sehen, die da geschehen ist, die uns der Herr kundgetan hat. Und sie kamen eilend und fanden beide, Maria und Joseph, dazu das Kind in der Krippe liegen. Da sie es aber gesehen hatten, breiteten sie das Wort aus, welches zu ihnen von diesem Kinde gesagt war. Und alle, vor die es kam, wunderten sich der Rede, die ihnen die Hirten gesagt hatten. Maria aber behielt alle diese Worte und bewahrte sie in ihrem Herzen. Und die Hirten kehrten wieder um, priesen und lobten Gott um alles, was sie gehört und gesehen hatten, wie denn zu ihnen gesagt war. Die Hirten gingen zu ihren Herden zurück, priesen Gott und dankten ihm für das, was sie gehört und gesehen hatten. Es war alles so gewesen, wie der Engel es ihnen gesagt hatte.

Wie schön, wie ergreifend ist diese wundervolle Szene, die wir uns in der Weihnachtszeit mit kunstvoll geschnitzten Krippenfiguren vor einer phantastisch ärmlichen Stallkulisse verbildlichen. Gehen wir von diesen schönen Krippen aus, wird es augenfällig, dass unser Evangelist Lukas wusste, welche Gefühle er mit seiner romantischen Erzählung von dieser Heiligen Nacht auslösen würde. Er hat seinen Anteil am tiefen Erschauern vor dem Mysterium der Menschwerdung Gottes in Gestalt eines Kindes. Und andere werden das bald in seinem Sinne weiter ausmalen. Klein und Groß, Alt und Jung, Arm und Reich – alle späteren Gläubigen, und nicht nur diese, werden sich von dem phantastisch ins Bild gesetzten Geschehen verzaubern lassen: Wie verständlich erscheint alles und wie wunderbar! Man möchte nicht daran rühren und beim kritischen Herumwühlen in der Kulisse Figuren umwerfen. Einiges könnte dabei ja kaputtgehen. Soll ich dieser Störenfried sein? Natürlich habe ich davor große Scheu und möchte wenigstens kein Kind traurig machen. Aber die Wahrheit, wenn sie ganz offensichtlich durchscheint, darf hier vielleicht trotzdem ein wenig Licht ins heilige Geschehen bringen. Der Kopf wenigstens sollte klar bleiben, auch wenn das Herz in heiligen Schauern nur mitfühlen will.

Wir müssen uns bewusst machen, was Lukas mit seiner wunderbar ins Bild gesetzten Weihnachtsgeschichte erreichen wollte: Hier werden theologische Inhalte für Gläubige verdeutlicht, und das ohne weitschweifende Erklärungen. Wie plastisch wird das neue Gottesbild für Alt und Jung, wenn es in größter Bescheidenheit als verletzliches Kind in eine abweisende Welt geworfen wird: Als neugeborener „Gottessohn" liegt es nackt und frierend in einer notdürftig mit Heu und Stroh ausgelegten Futterkrippe. Und das in einem erbärmlichen Stall. Ärmlicher geht es nicht. Der einzige Trost sind Maria und Josef, aber auch sie nur von allen hilflos im Stich gelassene, besorgte Eltern. Die ersten Besucher sind wenig ansehnlich, es sind einfache Hirten mit ihren Tieren. Man könnte geradezu Mitleid mit dem neuen „Gott" bekommen. Aber darum geht es Lukas eigentlich weniger, es geht ihm vor allem um die Symbolik dieser Szene, die ein völlig neues Gottesbild zeigt, ein in der Religionsgeschichte ganz und gar einmaliges, ein zutiefst revolutionäres: Dieser Kind-Gott erscheint nicht gewaltig mit Blitz und Donner, er glänzt nicht mit Zepter, Schwert und Krone, er kann nicht befehlen und blinden Gehorsam einfordern und er verlangt keine blutigen Tier- oder gar Menschenopfer. Das erkennt jeder, der das ärmliche Geschehen im Stall von Bethlehem betrachtet. Diesem Kind-Gott kann man nur mit Liebe begegnen, vor ihm muss man sich nicht ängstlich ducken. Das spürt auch jedes Kind. Ein Blick in eine weihnachtlich gestaltete Krippe reicht, um zu erahnen, hier beginnt ein neuer Glaube, hier entsteht eine angstfreie Religion, eine der Demut und Bescheidenheit – sollte man meinen.

Im frühen Urchristentum weltabgewandter Gläubiger, denen Askese und klösterliches Leben wichtiger war als römischer Kaiserkult und Staatstreue, bildete sich in Rom trotz religiöser Widerstände nach und nach eine Art Führungsschicht heraus.

Um als Organisation zu überleben, wurde ein Machtapparat aufgebaut, der sich im politisch verwaisten Rom einrichten konnte, denn Senat und Kaiser waren längst in das sichere Ostrom, nach Byzanz, umgesiedelt. In dieser Situation nun erfuhr das Christentum einen entscheidenden Knackpunkt: Die neue Führungselite verlor offensichtlich das revolutionäre Gottesbild eines im Stall geborenen Jesus zunehmend aus den Augen. Gleichsam in der Nachfolge des untergegangenen alten Rom wurde das System römischer Beamter übernommen, nun hierarchisch gegliedert in Diakone, Priester, Bischöfe und Kardinäle. Auch eine Kaiserfigur durfte da nicht fehlen; diese wird man in neuer Bezeichnung bescheiden einen „Vater" nennen, also Papa, einen Papst als Vertreter Gottes auf Erden. Wie irritierend ist es, vergleichen wir diese Figuren in ihrem prächtigen Ornat mit denen in Bethlehem! Einfachste Hirten erfuhren als erste die göttliche Botschaft und verkündeten sie weiter. Sie waren keine gebildeten und geweihten Mandatsträger, wie sie sich bald in stolzer Anmaßung römischer Beamtenwürde kleiden würden. Wie ehedem Senatoren werden sie in kostbarsten, nun liturgischen Gewändern aus Samt und Seide auftreten. Wenn wenigstens das Jesuskind damit hätte gewärmt werden können, aber nein, es musste sich mit einer dürftigen Windel begnügen. Und wenn der Papst als Vertreter eben auch dieses Christkindes zu dessen Geburtstag im mächtigsten Dom der Christenheit, dem Petersdom, die Botschaft von dessen Geburt verkündet, dann nicht als ärmlicher Hirte. Hirten waren es ja, denen als erste das Geheimnis der Geburt eines „Heilands", eines „Herrn" verkündet worden war! Und diese erst trugen die Botschaft des göttlichen Mysteriums in die Welt. Und die heutigen prachtvollen Feierlichkeiten zu Rom sind weit entfernt vom eigentlichen Geschehen in Bethlehem. Jetzt müssen es rote Samtschuhe sein, ein prächtiges liturgisches Gewand in Weiß und Purpur, darüber eine goldgewirkte Kasel. Und als „Krönung" des Ganzen darf eine reich gestickte Krone, die Tiara, nicht fehlen. Bei solchem Gepränge sind auch fromme Katholiken verführt, die von Lukas erzählte Weihnachtsgeschichte, die sich in einem erbärmlichen Stall abspielte, aus verklärten Augen zu verlieren.

Als im Jahre 380 das Christentum römische Staatsreligion wurde, konnte sich ein repräsentatives Papsttum einer schließlich allein selig machenden Kirche überall durchsetzen. Erst nach mehreren gescheiterten Reformversuchen war ein kritischer Benediktinermönch aus Wittenberg erfolgreich, der dies alles nicht mehr mitmachen wollte. Martin Luther (1483 – 1546) revoltierte unter Todesandrohung des Heiligen Vaters, weil er sah, dass das Missverhältnis zwischen Bethlehem und Rom, zwischen Stall und Petersdom, zwischen Macht und Demut unerträglich geworden war. Die römische Papstkirche wurde erschüttert, denn abtrünnige Teile von ihr, die Protestanten, wollten in herausgestellter Bescheidenheit mehr Augenmerk auf die Anfänge der christlichen Religion legen, eben so, wie sie in unserer Weihnachtsgeschichte bilderreich dargestellt sind. Also keine Prachtgewänder mehr, dafür puritanische Kirchenausstattung ohne ablenkende Kunst und eine Predigt, die sich im verständlichen Wort genügt. Das bedeutete den Verzicht auf jede Verzauberung der Sinne. Zum Glück für heutige Kinder galt das nicht für das beliebte Krippenspiel in Kirchen und noch weniger für die sich entwickelnde Kunst vor allem der alpenländischen Krippenfiguren.

Deshalb noch einmal zurück zu Lukas. Er hat die Nacht der Menschwerdung Gottes natürlich nicht selbst miterlebt, schrieb er das Ganze doch erst etwa 70 Jahre später auf.

Ebenso Matthäus, der mit seiner Erzählung von drei Weisen aus dem Morgenland die obige Szene erweitert. Beiden ging es, und das muss man sich immer wieder klarmachen, um keine Dokumentation des heiligen Geschehens, sondern um eine Verbildlichung des unglaublichen Mysteriums, um dieses allgemein verständlich zu machen. Und gerade so vermitteln sie auf ganz emotionale Weise das Wunder von Bethlehem, was ihnen allenthalben gelang. Ein Blick in ein verzaubertes Kindergesicht vor einer erleuchteten Weihnachtskrippe ist Beweis genug.

Etwas Ähnliches wünschte sich in Italien im 13. Jahrhundert wohl auch ein Mönch, der seiner Gemeinde das neue Gottesbild ebenso sinnlich vermitteln wollte. Es war Franz von Assisi, der 1225 in einer nahen Höhle das Geschehen von Bethlehem mit Personen und Tieren nachstellte.

Abschließend ergibt sich noch ein kleines Problem: Nach Lukas fehlen ja noch vertraute Figuren in unserer Weihnachtskrippe. Da diese später Einzug halten werden, wollen wir unsere kritischen Beobachtungen hier unterbrechen. Aufmerksame Leser werden sich an dieser Stelle aber erinnern, dass im 3. Kapitel dieses Buches über die Heiligen Drei Könige die hinzugekommenen Krippenfiguren schon ausführlich beschrieben wurden. Da das entsprechende Fest der Eucharistie am 6. Januar über das Weihnachtsgeschehen hinausweist, fügt sich unsere Kapiteleinteilung im Sinne einer Fortsetzung nicht nahtlos an. Ein Zurückblättern lohnt sich, auch wenn unser Bischof Silvester unserem Buch über Heiliges und Unheiliges im Jahresverlauf erst einmal noch ein seliges Ende bereiten muss, und das dann mit Knallerei, Feuerwerk und einem Gläschen Sekt. Prost.

Silvester

Wir zünden eine Rakete für einen Heiligen

Der letzte Tag des Jahres geht in seiner Doppeldeutigkeit auf die Tradition des römischen Gottes Janus zurück. Dieser war zweigesichtig, schaute nach vorn und gleichzeitig zurück, so wie wir es an diesem Tag auch tun. In einer gewissen Wehmut und Nachdenklichkeit sind wir uns des alten Jahres, das nun zu Ende geht, bewusst, schauen aber gleichzeitig voll Hoffnung auf das nun neu beginnende Jahr. Der Namenstag des 31. Dezember geht auf einen Heiligen der katholischen Kirche zurück, der als Bischof von Rom ein Nachfolger von Petrus war, *„auf dessen Fels"* ja Christus seine „Kirche bauen" wollte. Silvester war wohl von 314 bis 335 Bischof auf dem Stuhl Petri. Manche zählen ihn schon als Papst, doch streng genommen gab es zu seiner Zeit den Begriff noch gar nicht. Sein Todestag gilt allerdings als sicher, er soll der 31. Dezember gewesen sein. Und wie bei allen besonders frommen Kirchenmännern – vergleichbare Frauen gab es in früheren Zeiten nur selten – wurden ihre Todestage zu besonderen Feiertagen der Papstkirche, auch wenn sie selbst oft sehr viel später zu Heiligen erklärt wurden. Silvester hatte in diesem Zusammenhang aber Glück, denn er musste sich nicht mehr als Märtyrer opfern. Die Christenverfolgung endete im Jahr 312, als Kaiser Konstantin in der Schlacht an der Milvischen Brücke über seinen Rivalen Marcentius siegte. Berühmt wurde dieses Datum, weil Konstantin Angst hatte, dieses Treffen zu verlieren. So opferte er erst einmal seinen vertrauten Göttern, dann aber, o Wunder, betete er in der Verzweiflung auch zu dem neuen Gott dieser starrköpfigen Christen, die sich trotz jahrelanger Verfolgung und grausamster Strafen nicht von ihrem eigenartigen Glauben an ihren einzigen Gott abbringen ließen. Als der Kaiser im folgenden Traum ein Kreuz erblickte, schwur er sogar, keine Christen mehr zu verfolgen und sich taufen zu lassen, wenn er unter diesem Zeichen siegen werde. Natürlich hat alles gut geklappt, nur nicht mit der Taufe. Weil Konstantin trotz seines Sieges nicht rigoros mit allen bisher vertrauten Gottheiten brechen wollte, hielt er sich bei dem neuen Heil vorsichtig ein Hintertürchen offen. Das geschah nicht offen. Halbherzig bekennend ließ er sich nämlich erst auf dem Sterbebett im Jahre 337 taufen. Der römische Bischof Silvester hatte also großes Glück. Nach der Schlacht an der Milvischen Brücke sollte es keine massenhaften Christenverfolgungen mehr geben und nach dem vom Kaiser einberufenen Konzil von Nicäa im Jahr 325 konnten sich die Christen überall ohne Angst bewegen. Sie mussten sich nicht mehr vor dem römischen Zensor ängstigen, allenfalls noch vor lebensgefährlichen Streitereien der Christen untereinander, wenn es zum Beispiel darum ging, ob Christus ein Gott ist oder ob Gottvater, Christus und der Heilige Geist eine Einheit bilden, so wie es in Nicäa schließlich beschlossen wurde. Silvester war es wohl egal, ihm schien es sicherlich wichtiger, dass der Kaiser, der ja weiterhin in Konstantinopel residierte, ihm als Bischof das Recht einräumte, in Rom einen eigenen Regierungsbezirk aufzubauen, was im Wesentlichen noch heute einem Teil des Vatikanstaates entspricht. Auf diese „Konstantinische Schenkung" beruft sich der päpstliche Zwergstaat bis heute.

Hierzu gibt es eine kleine historische Randnotiz: Im Mittelalter tauchte plötzlich eine weitere „konstantinische" Schenkungsurkunde auf, die besagte, der byzantinische Kaiser habe ehedem dem römischen Bischof Silvester nicht nur Gebiete des späteren Vatikanstaates geschenkt, sondern gleich die Herrschaft über Europa und den ganzen Erdkreis dazu. Obwohl diese „Schenkung“ schon im Jahre 1410 als plumpe Fälschung entlarvt wurde, zeigte sie noch lange vielfache politische Wirkung bis hin zur „christlichen Eingemeindung“ der Indianer Amerikas im Zuge der Entdeckung der Neuen Welt nach 1492. Auch der Anspruch, alle späteren Kaiser zu krönen, bevor sie politisch anerkannt werden, geht darauf zurück.

Als selbstbewusster Bischof von Rom baute Silvester die erste Petersbasilika, aus der im 15. und 16. Jahrhundert der heutige Petersdom hervorgehen sollte.
Zu den Feierlichkeiten am Silvesterabend gehört für Gläubige der Besuch des Gottesdienstes, vielleicht sogar einer anrührenden Mitternachtsmette bei festlichem Glockenklang. Wichtiger ist allerdings für viele Menschen, den Ausklang des Jahres festlich mit Familie und Freunden zu feiern. Und wenn nach Raclette oder Fondue der Tisch abgeräumt ist, dürfen sich nicht nur die Kinder auf das Bleigießen freuen, bevor draußen das Feuerwerk beginnt. Das Bleigießen, heute aus Umweltgründen eher mit Wachs- oder Zinn zelebriert, geht auf uralte Bräuche zurück, die Zukunft - gerade auch an diesem besonderen Tag - vorausahnen zu wollen. Das flüssige Wachs oder Metall verformt sich blitzschnell zu eigenartigen Gebilden, wenn es in einen Topf mit kaltem Wasser geschüttet wird. Und da dürfen alle um den Tisch Versammelten mitraten, was diese bedeuten können. Der Phantasie sind keine Grenzen gesetzt, wenn durcheinander gerufen wird: „Ein Hund“, „ein E-Bike“, „ein Kinderwagen“, „nein, ein Rollator für den Opa!“ Ja, das neue Jahr kann kommen mit all seinen heiligen oder unheiligen Geistern. Diesen gilt dann der Höhepunkt des folgenden Spektakels, das nun ebenfalls rein gar nichts mehr mit unserem heiligen Silvester zu tun hat. Es ist das ersehnte Feuerwerk. In früheren Jahren überwog dabei die Knal-

lerei mit Judafürzla für Kinder (sorry, aber kein Mensch hat den Namen damals mit irgendeiner Vorstellung von Juden in Verbindung gebracht) und anderen Krachern. Dabei gab es solche als unkontrolliert hüpfende Knallfrösche oder Heuler. Wer besonders großen Krach wollte, zündete mächtige Donnerschläge. Alles war laut, möglichst billig und nicht ganz ungefährlich. Den phantastischen Raketenzauber der letzten Jahre kannte man noch nicht, allenfalls die Wunderkerzen, mit denen auch die Oma etwas verängstigt unter der offenen Haustür winken durfte.

Aber wozu das alles? Alter heidnischer Zauberkult steckt hinter allem: Mit Krach und Feuer die bösen Geister des alten Jahres vertreiben und mit hellen Lichtern den guten ihren Weg in eine glückliche Zukunft weisen. Und das klappt ja meistens wunderbar, vor allem wenn man sich bei all dem einen „guten Rutsch" wünscht. Woher dieser allgemein verbreitete Begriff stammt, ist nicht ganz sicher. Einige meinen, er käme aus dem Jiddischen osteuropäischer Juden und bedeute dort „Anfang", andere sehen darin einen eher lustigen Begriff aus den Anfängen des letzten Jahrhunderts, als die Postkarten aufkamen. Damals habe dieser „gute Rutsch" in ironischer Verdrehung zu einem in dieser kalten Jahreszeit durchaus drohenden Aus*rutschen* auf Eis oder Schnee seine Schlidderfahrt auf dutzende Postkarten gefunden und habe sich so, weil`s lustig und irgendwie auch passend war, schnell verbreitet. Und wenn alle sonstigen Glückwünsche, nicht nur dieser Nacht bei einem Glas Sekt, sondern auch die der nächsten Tage im Briefkasten oder im Mail-Ordner aufgefundenen, in Erfüllung gehen, wird sich unser heiliger Silvester schon längst verabschiedet haben. Also, bis nächstes Jahr „alles Gute", „ond bleibat xond", wie der Schwabe sagt.